REPOSTERÍA Y PANADERÍA

Recetas italianas tradicionales

REPOSTERÍA Y PANADERÍA

Recetas italianas tradicionales

Publicado por Parragon Inc. en 2013
Love Food es un sello editorial de Parragon Books Ltd.

Parragon, Inc.
440 Park Avenue South
13th Floor
New York NY 10016 USA

Copyright © Parragon Books Ltd 2013

Traducción: Carme Franch para Delivering iBooks&Design
Redacción y maquetación: Delivering iBooks&Design, Barcelona

Love Food y el logotipo correspondiente son una marca comercial registrada de Parragon Books Ltd
en Australia, Reino Unido, Estados Unidos, India y la Unión Europea.

www.parragon.com/lovefood

Todos los derechos reservados. Ninguna parte de esta obra se puede reproducir, almacenar o transmitir de forma
o por medio alguno, sea este electrónico, mecánico, por fotocopia, grabación o cualquier otro,
sin la previa autorización escrita de los titulares de los derechos.

ISBN: 978-1-4723-2459-7
Impreso en China/Printed in China

Diseño: Sabine Vonderstein
Historia: Dominic Utton
Fotografías adicionales de la página 6 (abajo) y la página 7 (arriba): Henry Sparrow

Todos los personajes mencionados en este libro son ficticios. Cualquier parecido con personas vivas
o muertas es pura coincidencia.

Notas:
En este libro las medidas se dan en el sistema métrico. Para términos que difieren enormemente de una región a otra,
hemos añadido variantes en la lista de ingredientes. Se considera que 1 cucharadita equivale a 5 ml y 1 cucharada,
a 15 ml. Si no se da otra indicación, la leche será siempre entera, los huevos y las verduras u hortalizas, como las
patatas, de tamaño medio, y la pimienta, negra y recién molida. Si no se da otra indicación, las hortalizas de raíz
deberán lavarse y pelarse con anterioridad. Para obtener mejores resultados, compruebe la temperatura de la carne
y las aves con un termómetro de cocina.

Las guarniciones, los adornos y las sugerencias de presentación son opcionales y no se incluyen necesariamente en la lista
de ingredientes o el modo de preparación de la receta. Los tiempos indicados son orientativos. Los tiempos de preparación
pueden variar de una persona a otra según su técnica culinaria; asimismo, también pueden variar los tiempos de cocción.
Los ingredientes opcionales, las variaciones y las sugerencias de presentación no se han incluido en los cálculos.

Las recetas que llevan huevo crudo o poco hecho no están indicadas para niños, ancianos, mujeres embarazadas ni
personas convalecientes o enfermas. Se recomienda a las mujeres embarazadas o lactantes que no consuman cacahuetes
ni productos derivados. Las personas alérgicas a los frutos secos tendrán que tener en cuenta que algunos de los productos
preparados que llevan estas recetas pueden contenerlos; por tanto, antes de dosificarlos deberán leer atentamente la lista
de sus ingredientes. Compruebe siempre el envase de los productos antes de abrirlos. Los vegetarianos han de tener en
cuenta que algunos de los productos preparados que se utilizan en estas recetas pueden contener ingredientes de origen
animal. También en este caso se recomienda leer con atención la lista de ingredientes de dichos productos. Compruebe
siempre el envase de los productos antes de abrirlos.

Índice

Introducción 6

Repostería tradicional 8

Tartas y panes 26

Postres 44

Pastas 62

Índice analítico 80

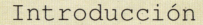

Introducción

Ciao! Bienvenido a mi último libro. Más que recopilar una selección de recetas exquisitas de repostería y panadería, mi intención es que pueda disfrutar de todo el sabor de Italia en su mesa.

No soy una cocinera mediática ni regento ningún restaurante, sino que soy una mujer sencilla que vive en la hermosa región italiana de Apulia. En mi pueblo me conocen como *il primo panettiere* o, lo que es lo mismo, «la panadera». Llevo tantos años preparando panes, tartas, galletas y todo tipo de dulces que mi marido Alberto y yo hemos perdido la cuenta, y hoy la chapata, el panettone, la panna cotta y el sabayón que yo preparo tienen fama en varios kilómetros a la redonda. Modestia aparte, no hay nadie entre Sicilia y los Alpes a quien la tarta de chocolate y pera le salga tan rica como a mí.

Encontrará todas estas recetas, y muchas más, en las páginas de este libro. Algunas han pasado de generación en generación y otras son de mi invención o están inspiradas en recetas de toda la vida. Sin embargo, todas tienen un toque especial. Tal como le dirían Alberto, mis hijos, mis nietos y ahora también mis bisnietos, son mis recetas. Espero que disfrute con las mejores especialidades de repostería y panadería de toda la región de Apulia.

Buon appetito!

Repostería tradicional

Tiramisú	10
Panettone	12
Panacota	14
Granizado de limón	16
Tarta toscana de Navidad	18
Tarta de ricota	20
Sabayón	22
Tarta de limón	24

Tiramisù
Tiramisú

para 4 personas

- 3 yemas de huevo
- 4 cucharadas de amaretto
- 175 g de azúcar
- 50 g de chocolate negro rallado fino
- 150 g de mascarpone
- 175 ml de nata (crema) extragrasa
- 24 bizcochos de soletilla
- 100 ml de café exprés
- 200 g de cacao en polvo, para espolvorear

Bata las yemas con el amaretto en un bol. Añada el azúcar poco a poco sin dejar de batir hasta que se disuelva por completo. Incorpore el chocolate y el mascarpone.

Bata la nata en otro bol e incorpórela a la crema de mascarpone.

Moje la parte sin azucarar de los bizcochos en el café hasta que comiencen a absorberlo. Disponga la mitad de los bizcochos en una fuente refractaria cuadrada o rectangular y cúbralos con la mitad de la crema de mascarpone.

Disponga otra capa de bizcochos y de crema, de modo que esta última quede bien repartida. Tape la fuente con film transparente y refrigere el tiramisú toda la noche.

Antes de servirlo, espolvoréelo con el cacao en polvo.

Repostería tradicional

Panettone
Panettone

para 4 personas

- 200 ml de leche
- 40 g de levadura fresca prensada o 2 sobres de levadura seca instantánea
- 125 g de azúcar moreno
- 125 g de mantequilla, y un poco más para engrasar
- 2 huevos
- 2 yemas de huevo
- 1 pizca de nuez moscada recién rallada
- 1 pizca de sal
- 500 g de harina
- 100 g de pasas
- 60 ml de ron
- 1 cucharadita de ralladura de limón
- 50 g de piel de naranja confitada en daditos
- 50 g de piel de limón confitada en daditos

Precaliente el horno a 180 °C. Caliente la leche y desmenuce la levadura encima. Incorpore 1 cucharadita del azúcar, tápelo y déjelo reposar 15 minutos.

Derrita la mantequilla e incorpore los huevos enteros y las yemas. Añada la nuez moscada y la sal.

Tamice la harina sobre la encimera y haga un hoyo en el centro. Agregue el azúcar restante, la levadura desleída y la crema de mantequilla y huevo, y trabaje los ingredientes hasta obtener una masa homogénea y elástica. Póngala en un bol, tápela y déjela leudar 1 hora en un lugar cálido.

Remoje las pasas en el ron 20 minutos e incorpórelas a la masa con la ralladura de limón y la piel confitada de los cítricos. Cubra la masa y déjela leudar 30 minutos más.

Engrase un molde redondo de 22 cm. Doble una hoja de papel vegetal en una tira de 45 cm de largo y 25 cm de ancho. Forre el contorno del molde con la tira de papel. Ponga la masa en el molde y cueza el panettone 30 minutos en el horno precalentado. Haga un corte en forma de cruz en la parte superior y prosiga la cocción 20 minutos más. Déjelo enfriar en el molde antes de servirlo.

Repostería tradicional

Panna cotta
Panacota

Parta la vaina de vainilla por la mitad a lo largo y raspe la pulpa. En un cazo, ponga a hervir la nata con la vaina y la pulpa de vainilla. Incorpore el azúcar. Baje el fuego al mínimo y cuézalo 15 minutos.

Remoje las hojas de gelatina en agua fría unos 10 minutos, escúrralas y estrújelas hasta que no goteen. Pase la nata caliente por un colador sobre un bol y disuelva la gelatina en ella.

Enjuague 4 flaneras con agua fría y llénelas con la nata. Refrigérelo toda la noche. Lave las fresas y reserve algunas para adornar el plato. Quíteles el rabillo y mézclelas con el azúcar glas en un cazo. Caliéntelo a fuego suave hasta que el azúcar se disuelva y las fresas se calienten. Pase la salsa de fresa por un colador y déjela enfriar.

Para servir el postre, desmolde cada panacota en un plato, adórnela con la salsa y las fresas reservadas.

---

para 4 personas

- 1 vaina de vainilla
- 475 ml de nata (crema) extragrasa
- 4½ cucharadas de azúcar
- 4 hojas de gelatina
- 500 g de fresas (frutillas)
- 3 cucharadas de azúcar glas (impalpable)

Repostería tradicional

Granita di limone
Granizado de limón

para 4 personas

450 ml de agua
115 g de azúcar
225 ml de zumo (jugo) de limón
la ralladura de 1 limón

Caliente el agua a fuego bajo en una cazuela de base gruesa. Eche el azúcar y remueva hasta que se disuelva. Llévelo a ebullición, apártelo del fuego y déjelo enfriar.

Una vez frío, incorpore el zumo y la ralladura de limón.

Páselo a un recipiente refractario y déjelo en el congelador 3 o 4 horas.

Saque el recipiente del congelador y sumerja la base en agua muy caliente. Vuelque el bloque de hielo y píquelo grueso. Después, tritúrelo en el robot de cocina hasta que se formen cristales pequeños.

Reparta el granizado entre 4 copas de helado y sírvalo enseguida.

Repostería tradicional

Panforte di Siena
Tarta toscana de Navidad

para 12-14 personas

90 g de avellanas
115 g de almendras
85 g de piel de cítricos confitada
55 g de orejones de albaricoque (damasco) bien picados
55 g de piña confitada bien picada
la ralladura de 1 naranja
55 g de harina
2 cucharadas de cacao en polvo
1 cucharadita de canela molida
1/4 de cucharadita de cilantro molido
1/4 de cucharadita de nuez moscada recién rallada
1/4 de cucharadita de clavo molido
115 g de azúcar
175 ml de miel fluida
azúcar glas (impalpable), para espolvorear

Precaliente el horno a 180 °C. Forre un molde desmontable de 20 cm de diámetro con papel vegetal. Distribuya las avellanas en la bandeja de horno y tuéstelas en el horno precalentado 10 minutos, hasta que se doren. Póngalas en una servilleta de tela y frótelas para pelarlas. Mientras tanto, disponga las almendras en otra bandeja y tuéstelas 10 minutos, hasta que se doren; vigílelas de cerca ya que se queman con facilidad.

Baje la temperatura del horno a 150 °C. Pique las avellanas y las almendras y páselas a un bol grande. Añada la piel confitada, los orejones, la piña y la ralladura de naranja y remueva bien. Tamice sobre el bol la harina, el cacao, la canela, el cilantro, la nuez moscada y el clavo, y mézclelo bien.

Caliente a fuego bajo el azúcar y la miel en una cazuela, removiendo, hasta que el azúcar se disuelva. Llévelo a ebullición y hiérvalo 5 minutos, hasta que se espese y empiece a oscurecerse. Incorpore los ingredientes del bol y aparte la cazuela del fuego. Vierta la pasta en el molde y alísela con el dorso de una cuchara húmeda. Cueza la tarta 1 hora en el horno precalentado y, sin desmoldarla, déjela enfriar en una rejilla metálica. Desmolde la tarta con cuidado y retire el papel vegetal. Cuando vaya a servirla, espolvoréela con abundante azúcar glas. Córtela en triángulos.

Repostería tradicional

Repostería tradicional

Torta di ricotta al forno
Tarta de ricota

para 4-6 personas

mantequilla, para engrasar
350 g de ricota
3 yemas de huevo batidas
100 g de azúcar
4 cucharadas de marsala o ron
55 g de almendra molida
la ralladura fina de 1 limón
o 1 naranja pequeña
azúcar glas (impalpable),
para adornar

Precaliente el horno a 180 °C. Engrase un molde para tarta de 18 cm de diámetro y resérvelo.

Pase la ricota por un colador colocado sobre un bol, presionándola con una cuchara metálica. Añada las yemas y el azúcar y bátalo hasta que el azúcar se disuelva y obtenga una crema homogénea. Incorpore el marsala, la almendra y la ralladura de limón.

Vierta la crema en el molde y alísela con una espátula. Cuézala en el horno precalentado de 1 a 1 1/4 horas, o hasta que cuaje y empiece a desprenderse del molde.

Apague el horno y deje reposar la tarta 2 o 3 horas con la puerta abierta.

Cuando se haya enfriado, desmóldela con cuidado y pásela a una fuente. Cuando vaya a servirla, espolvoréela con azúcar glas.

Repostería tradicional

Repostería tradicional

Zabaione
Sabayón

para 6 personas

75 g de azúcar
6 yemas de huevo
175 ml de marsala, madeira u otro vino dulce
1 chorrito de brandy
amaretti, para acompañar

Ponga a hervir media cazuela de agua. Encaje un bol refractario en la boca de la cazuela de modo que no toque el agua.

Bata en el bol el azúcar con las yemas de huevo hasta obtener una crema ligera. Vaya incorporando el marsala poco a poco, sin dejar de batir; agregue el brandy y siga batiéndolo unos 15 minutos, hasta obtener una crema de textura cremosa.

Reparta el sabayón entre copas de postre y sírvalo con los amaretti. Si lo prefiere, prepárelo con antelación y sírvalo frío.

Repostería tradicional

Repostería tradicional

Crostata di limone
Tarta de limón

para 6-8 personas

200 g de harina, y un poco más para espolvorear
300 g de azúcar
5 yemas de huevo
la ralladura y el zumo (jugo) de 2 limones
1 pizca de sal
100 g de mantequilla fría
3 huevos
150 ml de nata (crema) extragrasa
2 cucharadas de azúcar glas (impalpable)
aceite, para engrasar

Tamice la harina en la encimera, incorpore 175 g de azúcar y haga un hoyo en el centro. Añada 4 yemas de huevo, la mitad de la ralladura de limón, la sal y la mantequilla en trocitos. Trabaje los ingredientes hasta obtener una masa homogénea y elástica. Dele forma de bola, tápela con film transparente y refrigérela 1 hora.

Precaliente el horno a 180 °C y engrase un molde desmontable de 25 cm de diámetro. Extienda la masa en una lámina muy fina y forre con ella la base y las paredes del molde. Pinche repetidamente la masa con un tenedor y tápela con papel vegetal. Cúbrala con legumbres secas y cuézala 15 minutos en el horno. Retire las legumbres y el papel y deje enfriar la base de la tarta.

Baje la temperatura del horno a 160 °C. Bata la yema de huevo restante, los huevos enteros y el resto del azúcar y de la ralladura de limón hasta obtener una crema espesa y blanquecina. Incorpore el zumo de limón. Bata la nata e incorpórela a la crema. Viértala sobre la base de la tarta, repártala bien y cuézala 20 minutos en el horno precalentado. Esparza el azúcar glas por encima y hornee la tarta hasta que se dore bien.

Repostería tradicional

Tartas y panes

Tarta de chocolate y pera	28
Tarta de almendra	30
Bizcocho de Pascua	32
Tarta de chocolate	34
Pan con pesto y aceitunas	36
Pan toscano sin sal	38
Chapata	40
Polenta a la parmesana	42

Torta di cioccolata e pere
Tarta de chocolate y pera

Precaliente el horno a 180 °C. Engrase un molde desmontable de 20 cm de diámetro y fórrelo con papel vegetal. Derrita la mantequilla en un cazo y resérvela. Pele las peras, córtelas en cuartos y retíreles el corazón. Rocíelas con el zumo de limón y resérvelas.

Con unas varillas eléctricas, bata los huevos y el azúcar en un bol 4 o 5 minutos, hasta obtener una crema espumosa y ligera pero lo bastante espesa para que caiga en un hilo al levantar las varillas. Incorpore la vainilla.

Tamice la harina, el cacao y la levadura por encima. Con suavidad pero con rapidez, mezcle los ingredientes con una cuchara metálica. Deje caer la mantequilla derretida en un hilo por el borde del bol e incorpórela con suavidad. A continuación, añada la avellana y remueva.

Pase la pasta al molde. Disponga las peras encima, con la parte vaciada hacia abajo, en forma de rueda.

Cueza la tarta en el horno precalentado de 35 a 40 minutos, hasta que adquiera consistencia y al insertar un pincho de cocina en el centro, este salga limpio. Déjela enfriar 5 minutos en el molde. A continuación, desmóldela y deje que se enfríe del todo en una rejilla metálica.

Cuando vaya a servirla, espolvoréela con azúcar glas. Córtela en porciones y sírvalas con mascarpone.

para 8 personas

75 g de mantequilla, y un poco más para engrasar
2 peras Conferencia
1 cucharada de zumo (jugo) de limón
2 huevos grandes
115 g de azúcar
½ cucharadita de esencia de vainilla
90 g de harina
4 cucharadas de cacao en polvo sin edulcorar
¾ de cucharadita de levadura en polvo
75 g de avellanas escaldadas, picadas y tostadas
azúcar glas (impalpable), para adornar
mascarpone, para acompañar

Tartas y panes

Torta di mandorle
Tarta de almendra

Precaliente el horno a 160 °C. Engrase muy bien un molde para tarta de 20 cm de diámetro. Con unas varillas eléctricas, bata las yemas y el azúcar en un bol mediano hasta obtener una crema blanquecina y espesa que caiga en un hilo al levantar las varillas. Incorpore la fécula de patata, la almendra y la ralladura y el zumo de naranja.

En otro bol, monte las claras a punto de nieve con la sal. Incorpore las claras a la pasta de almendra con suavidad para que no se bajen.

Viértala en el molde y cueza la tarta en el horno precalentado de 50 a 60 minutos, hasta que se dore y adquiera consistencia. Desmóldela sobre una rejilla metálica y deje que se enfríe. Antes de servirla, espolvoréela con azúcar glas.

para 6-8 personas

mantequilla, para engrasar
3 huevos, con las yemas
  y las claras separadas
200 g de azúcar
70 g de fécula de patata
115 g de almendras escaldadas,
  peladas y bien picadas
la ralladura fina de 1 naranja
125 ml de zumo (jugo) de naranja
1 pizca de sal
azúcar glas (impalpable),
  para espolvorear

Tartas y panes

Schiacciata
Bizcocho de Pascua

Engrase un molde rectangular o una fuente refractaria de 25 x 15 cm. Mezcle en un bol la harina con el azúcar, la levadura, la sal y la ralladura de naranja. Incorpore la manteca con los dedos hasta que adquiera la textura del pan rallado. Haga un hoyo en el centro. Añada el zumo de naranja, las yemas de huevo y el agua y bátalo hasta obtener una masa maleable y pegajosa. Si quedara demasiado compacta, añádale un chorrito más de agua.

Vuelque la masa sobre la encimera espolvoreada con harina y trabájela 10 minutos, hasta que la manteca se derrita y quede bien repartida y la masa quede ligada. Lave y seque el bol y engráselo.

Forme una bola con la masa, póngala en el bol, dele varias vueltas para que se impregne bien y tápela con film transparente. Resérvela en un lugar cálido hasta que doble su volumen, unas 2 horas aproximadamente.

Vuelque la masa en la encimera y trabájela solo un poco. Dispóngala en el molde. Tápela con un trozo de film transparente engrasado y aplánela hasta que tenga 1 cm de grosor como mucho. Déjela leudar 20 minutos. Precaliente el horno a 190 °C.

para 12 personas

425 g de harina con levadura,
  y un poco más para
  espolvorear
55 g de azúcar
7 g de levadura seca
  de panadería
1 pizca de sal
la ralladura fina de
  2 naranjas grandes
55 g de manteca o mantequilla
  en dados, y un poco más para
  engrasar
3 cucharadas de zumo (jugo)
  de naranja recién exprimido
2 yemas de huevo batidas
175-225 ml de agua calentada
  a 46 ºC.
azúcar glas (impalpable),
  para adornar (opcional)

Destape la masa y cuézala en el horno precalentado de 30 a 35 minutos, o hasta que el bizcocho se dore, tenga unos 2,5 cm de altura y empiece a rebosar del molde. Ponga el molde en una rejilla metálica y, si lo desea, espolvoree el bizcocho con abundante azúcar glas. Déjelo enfriar del todo.

Córtelo en 12 cuadrados y sírvalos.

Torta al cioccolato
Tarta de chocolate

para 6-8 personas

- 280 g de chocolate con un mínimo de 72% de cacao en trocitos
- 125 g de mantequilla sin sal, y un poco más para engrasar
- 4 huevos, con las yemas y las claras separadas
- 55 g de azúcar
- 25 g de harina
- 1 cucharadita de esencia de vainilla
- cacao en polvo, para espolvorear

Precaliente el horno a 180 °C. Engrase un molde para tarta de 20 cm de diámetro y fórrelo con papel vegetal. Ponga el chocolate y la mantequilla en un bol refractario, encájelo en la boca de un cazo con agua hirviendo a fuego bajo, sin que llegue a tocarla, y espere a que se derritan. Aparte el bol del calor y déjelo enfriar 5 minutos.

Con unas varillas eléctricas, bata las yemas y el azúcar en un bol hasta obtener una crema espesa. En otro bol, monte las claras a punto de nieve. Incorpore la crema de huevo al chocolate derretido.

Tamice la harina por encima y mézclala junto con la esencia de vainilla. Por último, incorpore las claras montadas con suavidad.

Vierta la pasta al molde y cuézala en el horno precalentado de 15 a 20 minutos. Evite cocer la tarta demasiado, de modo que quede consistente por arriba pero jugosa por el centro. Sáquela del horno y déjela enfriar, tapada, toda la noche.

Desmolde la tarta y retire el papel. Espolvoréela con cacao y sírvala en porciones.

Tartas y panes

Tartas y panes

Pane con pesto ed olive
Pan con pesto y aceitunas

para 1 pan

350 g de harina
250 g de harina integral
1 cucharadita de bicarbonato
½ cucharadita de sal
3 cucharadas de pesto
300 ml de suero de mantequilla
85 g de aceitunas verdes sin hueso (carozo) y troceadas
aceite, para engrasar
leche, para pintar

Precaliente el horno a 200 °C y engrase la bandeja del horno. Tamice los dos tipos de harina, el bicarbonato y la sal en un bol y añada también el salvado que quede en el tamiz.

Mezcle el pesto con el suero de mantequilla. Incorpore la harina y las aceitunas y remueva hasta ligar la masa. Añada un poco más de suero si fuera necesario.

Forme un redondel de 20 cm con la masa y póngalo en la bandeja. Aplánelo un poco y, con un cuchillo afilado, márquelo con una cruz profunda.

Pinte el pan con leche y hornéelo de 30 a 35 minutos, o hasta que se dore. Estará cocido cuando al golpearlo suene a hueco. Sírvalo el mismo día, con sopa o queso y una ensalada para disfrutar de un almuerzo sano.

Tartas y panes

Pane toscano
Pan toscano sin sal

para 1 pan grande o 2 pequeños

500 g de harina con levadura, y un poco más para espolvorear
1½ cucharaditas de levadura seca de panadería
2 cucharadas de aceite de oliva, y un poco más para engrasar
300 ml de agua templada

Mezcle la harina y la levadura en un bol. Haga un hoyo en el centro. Mezcle el aceite con el agua en una jarra y viértalo en el hoyo. Incorpore poco a poco el líquido a la harina con un cuchillo romo. Trabaje la masa con las manos hasta que quede ligada.

Vuelque la masa en la encimera espolvoreada con un poco de harina y trabájela de 5 a 7 minutos, o hasta que quede bien homogénea y elástica. Devuélvala al bol y cúbrala con un paño de cocina o con film transparente engrasado y déjela leudar en un lugar templado 1 hora o hasta que haya doblado su volumen. Trabájela 1 minuto más.

Precaliente el horno a 200 °C. Engrase una o dos bandejas de horno. Forme un pan ovalado grande, o dos más pequeños, con la masa y póngalo en la bandeja. Cúbralo con un paño de cocina o con film transparente engrasado y déjelo leudar en un lugar templado 30 minutos.

Marque el pan con varios cortes superficiales al bies con un cuchillo afilado. Hornéelo de 30 a 35 minutos (o de 20 a 25 minutos si son dos). Si se dorara demasiado, baje la temperatura. Estará cocido cuando al golpearlo suene a hueco. Déjelo enfriar en una rejilla metálica.

Tartas y panes

Mi sugerencia:
A los toscanos les encantan los alimentos salados y especiados como las salchichas. Este pan tradicional es un acompañamiento ideal para las comidas fuertes.

Tartas y panes

Ciabatta
Chapata

Primero, prepare la masa madre. Tamice la harina en un bol, incorpore la levadura y haga un hoyo en el centro. Vierta el agua y remueva hasta ligar la masa. Vuélquela sobre la encimera espolvoreada con un poco de harina y amásela 5 minutos, o hasta que quede homogénea y elástica. Forme una bola con la masa, póngala en el bol y métalo en una bolsa de plástico o tápelo con un paño húmedo. Déjela leudar en un lugar cálido 12 horas, o hasta que empiece a bajar.

Con una cuchara de madera, incorpore el agua y la leche a la masa madre. Mezcle la harina y la levadura con las manos, añadiéndolas por tandas. Por último, incorpore la sal y el aceite con las manos. La masa tiene que quedar muy húmeda, no le añada más harina. Meta el bol en una bolsa de plástico o tápelo con un paño húmedo y deje leudar la masa 2 horas, hasta que doble su volumen.

Espolvoree 3 bandejas de horno con harina. Con una espátula, divida la masa en 3 partes sin golpearla para no retirar el aire. Enharínese las manos y moldee las porciones de masa en forma de rectángulo algo aplanado. Espolvoree las chapatas con harina y déjelas leudar en un lugar cálido unos 30 minutos.

Mientras tanto, precaliente el horno a 220 °C. Hornee las chapatas de 25 a 30 minutos, hasta que la corteza empiece a dorarse y el pan suene a hueco al golpear la base con los nudillos. Déjelas enfriar en unas rejillas metálicas. Sírvalas con aceite y sal.

Tartas y panes

para 3 panes

400 ml de agua templada
4 cucharadas de leche desnatada (descremada) templada
675 g de harina con levadura
1 sobre de levadura seca instantánea
2 cucharaditas de sal, y un poco más para servir
3 cucharadas de aceite de oliva, y un poco más para servir

masa madre (biga)
450 g de harina con levadura, y un poco más para espolvorear
1¼ cucharaditas de levadura seca de panadería
125 ml de agua templada

Tartas y panes

Polenta parmigiana
Polenta a la parmesana

para 16 unidades

aceite, para engrasar
200 g de polenta fina
200 g de harina
4 cucharaditas de levadura en polvo
2 cucharaditas de sal de apio
85 g de parmesano rallado
2 huevos batidos
400 ml de leche
55 g de mantequilla derretida
1 manojo de cebolletas picadas
pimienta

Precaliente el horno a 190 °C. Engrase un molde cuadrado de 23 cm de lado.

Tamice la polenta, la harina, la levadura, la sal de apio y una pizca de pimienta en un bol e incorpore 55 g del parmesano.

En un bol aparte, bata el huevo con la leche y la mantequilla derretida.

Viértalo sobre los ingredientes secos y mézclelo bien hasta obtener una pasta homogénea.

Incorpore la cebolleta y extienda la pasta de modo uniforme en el molde.

Esparza el parmesano restante por encima. Cueza la polenta en el horno de 30 a 35 minutos, o hasta que adquiera consistencia y se dore. Córtela en porciones y sírvala templada.

Postres

Helado de frambuesa	46
Melocotones rellenos de amaretti	48
Helado siciliano de ricota	50
Pudin de panettone	52
Tiramisú blanco con fresas	54
Helado de albaricoque	56
Tarta de higos	58
Fresas al vinagre balsámico	60

Gelato di lampone
Helado de frambuesa

para unos 500 g

360 g de frambuesas
350 ml de leche
55 g de azúcar
4½ cucharaditas de maicena

Compruebe el estado de las frambuesas y deseche las que no estén frescas o tengan magulladuras. Póngalas en un bol.

Triture las frambuesas en la batidora o el robot de cocina, páselas por un colador fino que no sea metálico para separar las pepitas y reserve el puré.

Caliente a fuego moderado la leche y el azúcar en una cazuela sin dejar de remover hasta que este se disuelva. Ponga la maicena en un cuenco y disuélvala con 4 cucharadas de la leche templada hasta obtener una pasta homogénea.

Incorpore la maicena diluida a la leche, suba el fuego y remueva sin parar de 6 a 8 minutos, hasta que esté a punto de romper a hervir o hasta obtener una crema espesa. Si quedaran grumos, pásela por un colador.

Vierta la crema en un bol, incorpore el puré de frambuesa y déjelo enfriar. Pásela a un bol refractario y congélela. No es necesario que la bata durante la congelación.

Antes de servir el helado, déjelo 30 minutos en el frigorífico. Sírvalo en cuencos antes de que se derrita demasiado.

Postres

Postres

Pesche e amaretti
Melocotones rellenos de amaretti

para 4 personas

4 melocotones (duraznos) partidos por la mitad y deshuesados
55 g de amaretti desmenuzados
1 yema de huevo batida
30 g de mantequilla ablandada, y un poco más para engrasar
30 g de azúcar moreno
150 ml de vino blanco seco
mascarpone, para acompañar

Precaliente el horno a 180 °C. Unte con un poco de mantequilla una fuente refractaria en la que las mitades de los melocotones quepan en una sola capa.

Retire con una cucharilla parte de la pulpa de la hendidura de los melocotones para que quede más ancha y honda y pásela a un bol.

Añada los amaretti, la yema de huevo, la mantequilla y la mitad del azúcar y bátalo bien. Rellene los melocotones con la pasta, de modo que quede un poco abombada.

Dispóngalos en la fuente. Vierta el vino alrededor de los melocotones. Esparza el azúcar restante por encima.

Ase los melocotones en el horno de 25 a 30 minutos, o hasta que estén tiernos y empiecen a dorarse. Sírvalos calientes o fríos, con mascarpone para acompañar.

Cassata
Helado siciliano de ricota

para 6-8 personas

- 400 g de ricota
- 175 g de azúcar glas (impalpable)
- 1 cucharadita de agua de azahar
- 200 ml de nata (crema) extragrasa
- 100 g de piel de cítricos confitada picada
- 55 g de angélica confitada picada
- 55 g de cerezas confitadas picadas
- 40 g de chocolate negro picado
- 40 g de pistachos picados
- fruta confitada, para servir

Presione con una cuchara de madera la ricota a través de un colador dispuesto sobre un bol.

Añada el azúcar glas y el agua de azahar y bátalo todo hasta obtener una crema homogénea.

Bata un poco la nata, hasta que gane cuerpo, e incorpórela a la crema de ricota.

Bata la crema en la heladora siguiendo las instrucciones del fabricante. Si lo prefiere, congélela en un recipiente adecuado, sin tapar, hasta que adquiera la textura del granizado.

Saque el helado del congelador e incorpore la piel de los cítricos, la angélica, las cerezas, el chocolate y los pistachos.

Pase el helado a una flanera de 1,2 litros de capacidad y congélelo hasta que adquiera consistencia. Antes de desmoldarlo, déjelo a temperatura ambiente de 10 a 15 minutos.

Corte el helado en porciones y sírvalo con fruta confitada.

Postres

Postres

Dolce di panettone
Pudin de panettone

para 4-6 personas

100 g de pasas o dátiles picados
4 cucharadas de brandy
300 ml de leche
450 ml de nata (crema) extragrasa
1 vaina de vainilla partida
o 1 cucharadita de esencia
de vainilla
175 g de mantequilla ablandada,
y un poco más para engrasar
10 rebanadas de panettone de
grosor medio, mejor con sabor
a chocolate, o de pan sin la
corteza
4 huevos
175 g de azúcar
helado de vainilla, para acompañar

Deje las pasas en remojo en el brandy un par de horas. En un cazo, caliente la leche con la nata sin que llegue a hervir y eche la vaina de vainilla partida por la mitad. Déjela reposar 30 minutos.

Precaliente el horno a 180 °C. Engrase una fuente llana refractaria. Unte las rodajas de panettone con mantequilla y pártalas por la mitad al bies. Colóquelas solapadas en la fuente. Retire las pasas del remojo y distribúyalas sobre el panettone; reserve el brandy.

En un bol grande, bata los huevos con el azúcar. Retire la vaina de vainilla de la leche y deséchela. Mezcle la leche con los huevos batidos, agregue el brandy reservado y bátalo.

Viértalo sobre el panettone y presione las rebanadas para que se empapen bien. Compruebe que los bordes queden sumergidos en el líquido. Cueza el pudin en el horno de 30 a 40 minutos, hasta que la crema se seque y se dore pero sin que el panettone se queme. Sirva el pudin caliente con helado de vainilla.

Postres

Postres

Tiramisù bianco con fragole
Tiramisú blanco con fresas

para 6 personas

2 huevos, con las yemas y las claras separadas
150 g de azúcar glas (impalpable) tamizado
350 g de mascarpone
6 cucharadas de leche
125 ml de marsala
20 bizcochos de soletilla
40 g de almendra picada
55 g de chocolate blanco rallado grueso
fresas (frutillas) partidas por la mitad, para adornar

Bata las yemas de los huevos con el azúcar con la batidora de brazo o las varillas eléctricas hasta que se espesen y adquieran una consistencia cremosa. Añada el mascarpone y bátalo bien.

En otro bol, monte las claras a punto de nieve e incorpórelas a la crema de mascarpone con suavidad.

Vierta la leche y el marsala en un plato llano. Bañe los bizcochos en el líquido, justo el tiempo suficiente para que se ablanden. A continuación, disponga la mitad de los bizcochos remojados en una fuente de porcelana de unos 25 cm de diámetro. Esparza la mitad de la almendra picada por encima. Agregue un tercio de la crema de mascarpone y cúbrala con una capa formada por los bizcochos y la almendra picada restantes. Extienda el resto de la crema de mascarpone por encima, formando remolinos para que el aspecto del tiramisú sea más atractivo. Cúbralo con film transparente y refrigérelo 2 o 3 horas.

Cuando vaya a servir el tiramisú, adórnelo con el chocolate blanco rallado y las fresas.

Postres

Gelato di albicocche
Helado de albaricoque

para 6 personas

500 de albaricoques (damascos) maduros
300 ml de nata (crema) líquida
175 g de azúcar
200 ml de leche
½ cucharadita de esencia de vainilla

Parta los albaricoques por la mitad y deshuéselos. Tritúrelos en el robot de cocina o la batidora hasta obtener un puré fino.

Bata la nata y el azúcar en un bol con la batidora de brazo o las varillas eléctricas hasta que el azúcar se disuelva el azúcar. Incorpore el puré de albaricoque, la leche y la vainilla. Pase la crema a un recipiente para el congelador provisto de tapa. Tápela y congélela 1 hora. Saque el helado del congelador y bátalo bien. Tápelo y déjelo otra hora en el congelador.

Repita el proceso de congelar y batir cada hora hasta que el helado esté casi solidificado. Bátalo una última vez, tápelo y déjelo en el congelador hasta que vaya a consumirlo.

Antes de servir el helado, déjelo 15 minutos en el frigorífico para que se ablande un poco.

Postres

Crostata con i fichi freschi
Tarta de higos

Tamice la harina en la encimera, mézclela con 100 g del azúcar y haga un hoyo en el centro. Añada 4 yemas de huevo, la sal, la ralladura de limón y la mantequilla y trabaje los ingredientes hasta ligar la masa. Dele forma de bola, tápela con film transparente y refrigérela 1 hora.

Engrase un molde para tarta de 24 cm de diámetro y precaliente el horno a 180 °C. Espolvoree la encimera con harina, extienda la masa en una lámina muy fina y forre con ella el molde. Pinche repetidamente la masa con un tenedor y tápela con papel vegetal. Cúbrala con legumbres secas y cuézala en el horno 15 minutos. Retire las legumbres y el papel y prosiga con la cocción 10 minutos más. Deje reposar un poco la base de tarta y pásela a una rejilla metálica para que se enfríe del todo.

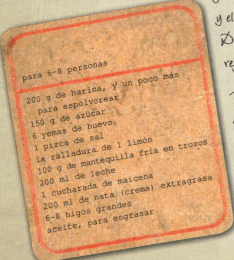

para 6-8 personas
200 g de harina, y un poco más para espolvorear
150 g de azúcar
6 yemas de huevo
1 pizca de sal
la ralladura de 1 limón
100 g de mantequilla fría en trozos
200 ml de leche
1 cucharada de maicena
200 ml de nata (crema) extragrasa
6-8 higos grandes
aceite, para engrasar

Ponga a hervir en un cazo la leche con 1 cucharada del azúcar. Bata 2 yemas de huevo con el resto del azúcar y la maicena. Incorpórelo a la leche caliente con unas varillas y cuézalo a fuego bajo hasta que la crema adquiera una consistencia homogénea y se espese un poco. Pásela a un bol y deje que se enfríe, batiéndola de vez en cuando para evitar que se forme una telilla en la superficie.

Bata la nata, incorpórela a la crema enfriada y viértala sobre la base de tarta. Lave los higos, séquelos y córtelos en rodajas. Distribúyalas sobre la tarta y sírvala.

Postres

Postres

Fragole balsamiche
Fresas al vinagre balsámico

para 4 personas

400 g de fresas (frutillas), y algunas más si fuera necesario
2 cucharadas de azúcar, o al gusto
1 cucharada de vinagre balsámico (aceto balsámico) de buena calidad, o al gusto
pimienta

Compruebe el estado de las fresas y deseche las que no estén bien. Retíreles el rabillo, pártalas por la mitad y repártalas entre 4 platos de postre.

Mezcle el azúcar y el vinagre en un bol que no sea metálico. Eche las fresas y mézclelo con suavidad. Déjelas macerar a temperatura ambiente de 1 a 3 horas.

Cuando vaya a servirlas, remuévalas de nuevo y rectifique de azúcar y vinagre.

Sazone las fresas con pimienta recién molida y sírvalas.

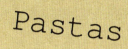

Pastas

Buñuelos venecianos	64
Carquiñoles	66
Canutillos de ricota y chocolate	68
Cintas	70
Carquiñoles de arándanos y piñones	72
Buñuelos de ricota	74
Florentinas	76
Carquiñoles de naranja y cereza	78

Castagnole fritte
Buñuelos venecianos

Bata los huevos con el azúcar, el azúcar avainillado y la sal hasta que espumen. Incorpore poco a poco la harina, el aceite, el brandy y la ralladura de limón. Deje reposar la pasta 30 minutos y bátala vigorosamente una vez más, añadiendo un poco más de agua o harina si fuera necesario.

Caliente el aceite a 175 °C en una sartén o en la freidora. Con dos cucharillas, forme bolitas de la pasta y échelas en el aceite caliente. Fría los buñuelos hasta que se doren.

Déjelos escurrir sobre papel de cocina y espolvoréelos con azúcar glas antes de servirlos.

```
para 8-10 personas

2 huevos
3 cucharadas de azúcar
2 cucharadas de azúcar
   avainillado
1 pizca de sal
200 g de harina
4 cucharadas de aceite
   de oliva
2 cucharadas de brandy
1 cucharadita de ralladura
   de limón
aceite, para freír
azúcar glas (impalpable),
   para espolvorear
```

Pastas

Pastas

Biscotti/Cantucci di mandorle
Carquiñoles

para 20-30 unidades

- 200 g de almendras escaldadas y peladas
- 200 g de harina, y 1 cucharada más para espolvorear
- 200 g de azúcar, y 1 cucharada más para espolvorear
- 1 cucharadita de levadura en polvo
- 1/2 cucharadita de canela molida
- 2 huevos
- 2 cucharaditas de esencia de vainilla

Precaliente el horno a 180 °C. Forre dos bandejas de horno con papel vegetal.

Reserve algunas almendras enteras y trocee las demás.

Mezcle en un bol la harina, el azúcar, la levadura y la canela. Incorpore todas las almendras.

Bata los huevos con la vainilla en un cuenco, échelos en el bol y remueva bien hasta ligar la masa.

Vuelque la masa en la encimera espolvoreada con un poco de harina y trabájela. Divídala en dos y dele a cada mitad forma de tronco aplanado largo y grueso, de unos 5 cm de ancho. Pase las porciones de masa a las bandejas, espolvoréelas con azúcar y cuézalas en el horno de 20 a 25 minutos, hasta que se doren y adquieran consistencia. Retírelas de las bandejas, déjelas enfriar un poco y córtelas en rodajas de 1 cm de grosor, formando así los carquiñoles.

Mientras tanto, baje la temperatura del horno a 160 °C. Disponga los carquiñoles en las bandejas y hornéelos de 15 a 20 minutos, o hasta que estén secos y crujientes. Sáquelos del horno y déjelos enfriar en una rejilla metálica. Guárdelos en un recipiente hermético.

Mi sugerencia:
Aunque la receta tradicional se prepara con almendras, puede sustituirlas por otros frutos secos, como nueces o pistachos.

Cannoli siciliani
Canutillos de ricota y chocolate

Bata el huevo con el marsala. Mezcle la harina, el azúcar y la sal en el robot de cocina. Con el motor en marcha, vierta el huevo batido en un hilo hasta ligar los ingredientes. Vuelque la masa en la encimera espolvoreada con un poco de harina y trabájela. Dele forma de bola, envuélvala en film transparente y refrigérela al menos 1 hora.

Para preparar el relleno, bata la ricota con el brandy y la vainilla hasta obtener una crema. Tamice el cacao y el azúcar glas por encima e incorpore la naranja confitada, el chocolate, la ralladura de naranja y la canela. Tape la crema y refrigérela.

Divida la masa en 4 porciones. Pase las porciones por una máquina para hacer pasta hasta obtener tiras de unos 50 cm o extiéndalas con el rodillo en la encimera hasta que queden translúcidas. Córtelas en cuadrados de 4 cm. A continuación, pinte varios moldes para canutillos con aceite y enrolle los cuadrados de masa al bies. Humedezca los extremos que se unen con un poco de agua y presiónelos bien.

Caliente aceite abundante a 180 o 190 °C, o hasta que un dado de pan se dore en 30 segundos. Fría 2 o 3 canutillos a la vez, hasta que se doren y estén crujientes. Retírelos con la espumadera y déjelos escurrir sobre papel de cocina. Repita la operación hasta terminar la masa, retirando

Pastas

para 20-24 unidades

1 huevo
2 cucharadas de marsala
175 g de harina con levadura,
 y un poco más para espolvorear
2 cucharaditas de azúcar
1 pizca de sal
aceite de girasol, para pintar
 y freír

Relleno de chocolate a la naranja:
750 g de ricota
2 cucharadas de brandy
2 cucharaditas de esencia
 de vainilla
2 cucharadas de cacao en polvo
3 cucharadas de azúcar glas
 (impalpable), y un poco más
 para adornar
4 cucharadas de naranja confitada
 picada
3 cucharadas de chocolate negro
 picado
la ralladura fina de 2 naranjas
 grandes
1 pizca de canela molida

los canutillos de los moldes con suavidad y pintándolos las veces que sea necesario. Se conservan hasta 3 días en un recipiente hermético. Cuando vaya a servirlos, rellene los canutillos con la crema de chocolate desde ambos extremos con la manga pastelera o una cuchara. No los rellene con antelación, de lo contrario se ablandarían. Adórnelos con azúcar glas tamizado y sírvalos enseguida.

Pastas

Cenci
Cintas

para 8 personas

- 280 g de harina, y un poco más para espolvorear
- 2 huevos batidos
- 2 cucharadas de aceite de oliva suave
- 2 cucharadas de azúcar
- 2 cucharadas de vino dulce
- la ralladura fina de 1 limón
- 4 naranjas
- aceite de girasol, para freír
- azúcar glas (impalpable), para espolvorear

Tamice la harina en un bol grande y haga un hoyo en el centro. Añada los huevos, el aceite, el azúcar, el vino y la ralladura de limón. Mezcle los ingredientes con un cuchillo romo hasta ligar la masa. Trabájela con las manos hasta que quede homogénea. Forme una bola con la masa, envuélvala con film transparente y refrigérela 1 hora.

Mientras tanto, trabajando sobre un bol para recoger el zumo, pele las naranjas y separe los gajos con un cuchillo afilado. Póngalos en el bol con el zumo y resérvelos en el frigorífico.

Divida la masa en dos y extienda una porción sobre la encimera espolvoreada con un poco de harina hasta obtener un rectángulo de unos 3 mm de grosor. Tápela y repita la operación con la otra porción. Con un cortapastas acanalado, corte la masa en tiras de 10 x 2,5 cm. Anude cada una de las tiras entre sí. Si lo prefiere, corte la masa en forma de rombos y déjela sin anudar.

Caliente el aceite en una sartén o en la freidora a 180 °C, o hasta que un dado de pan se dore en 30 segundos. Fría las cintas de masa, por tandas, hasta que se doren. Retírelas con una espumadera, déjelas escurrir sobre papel de cocina y resérvelas mientras fríe las demás. Espolvoréelas aún calientes con azúcar glas y sírvalas con los gajos de naranja pelados.

Pastas

Mi sugerencia:
Si lo desea, sustituya los gajos de naranja por albaricoques y melocotones maduros troceados y marinados en 3 cucharadas de vino dulce.

Biscotti ai mirtilli e pinoli
Carquiñoles de arándanos y piñones

para 15-20 unidades

100 g de azúcar moreno
1 huevo grande
175 g de harina, y un poco más para espolvorear
½ cucharadita de levadura en polvo
1 cucharadita de pimienta inglesa molida
85 g de arándanos rojos secos
55 g de piñones tostados
mantequilla o aceite, para untar

Precaliente el horno a 180 °C. Engrase la bandeja del horno.

Bata el azúcar con el huevo hasta obtener una crema blanquecina y los bastante espesa para que caiga en un hilo al levantar las varillas.

Tamice la harina, la levadura y la pimienta en un bol e incorpórelo a la crema. Añada los arándanos y los piñones y mézclelo con suavidad hasta obtener una masa homogénea.

Con las manos enharinadas, forme una tira de unos 28 cm de largo con la masa. Aplánela un poco.

Pásela a la bandeja y cuézala en el horno de 20 a 25 minutos, hasta que se dore. Déjela enfriar 3 o 4 minutos y, después, córtela en rodajas de 1 cm de grosor, formando así los carquiñoles. Póngalos en la bandeja.

Hornee los carquiñoles unos 10 minutos, hasta que se doren. Déjelos enfriar en una rejilla metálica. Se conservan bien de 2 a 3 semanas en un recipiente hermético.

Pastas

Chiacchiere
Buñuelos de ricota

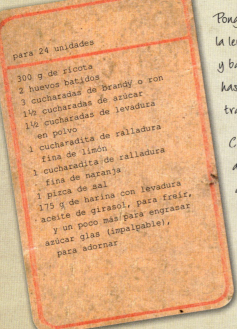

para 24 unidades

300 g de ricota
2 huevos batidos
3 cucharadas de brandy o ron
1½ cucharadas de azúcar
1½ cucharadas de levadura en polvo
1 cucharadita de ralladura fina de limón
1 cucharadita de ralladura fina de naranja
1 pizca de sal
175 g de harina con levadura
aceite de girasol, para freír, y un poco más para engrasar
azúcar glas (impalpable), para adornar

Ponga en un bol la ricota, los huevos, el brandy, el azúcar, la levadura, la ralladura de limón y de naranja y la sal, y bátalo bien. Tamice la harina por encima y bátalo de nuevo hasta obtener una pasta homogénea. Tape el bol con film transparente y refrigérelo al menos 1 hora.

Cuando vaya a freír los buñuelos, caliente aceite abundante en la freidora o una cazuela de base gruesa a 180 o 190 °C, o hasta que un dado de pan se dore en 30 segundos. Precaliente el horno a 150 °C. Forre una fuente refractaria con papel de cocina y resérvela.

Engrase una cuchara, tome porciones de la masa y déjelas caer en el aceite, sin amontonarlas. Fría los buñuelos de 3 a 5 minutos, dándoles la vuelta una vez, hasta que floten y se doren.

Retírelos con una espumadera y déjelos escurrir bien sobre papel de cocina. Páselos a la fuente y resérvelos calientes en el horno mientras fríe los demás. Caliente el aceite y engrase la cuchara las veces que haga falta. Cuando haya frito todos los buñuelos, espolvoréelos con azúcar glas y sírvalos enseguida.

Pastas

Fiorentini
Florentinas

Precaliente el horno a 180 °C. Engrase y espolvoree con harina dos bandejas de horno o fórrelas con papel vegetal.

Derrita la mantequilla en un cazo a fuego bajo. Añada el azúcar, remueva hasta que se disuelva y llévelo a ebullición. Apártelo del fuego e incorpore las pasas, las cerezas, el jengibre, las pipas y la almendra. Mézclelo bien y, después, incorpore la nata.

Disponga espaciadamente cucharaditas de la pasta en las bandejas. Cueza las florentinas en el horno de 10 a 12 minutos, o hasta que empiecen a tomar color.

Sáquelas y, aún calientes, recórtelas con un cortapastas circular para que queden bien redondas. Déjelas enfriar para que se endurezcan antes de retirarlas de las bandejas.

Derrita tres cuartas partes del chocolate y extiéndalo sobre una hoja de papel vegetal. Cuando empiece a cuajar, coloque las florentinas encima, con la parte lisa hacia abajo, y déjelas hasta que el chocolate se haya endurecido por completo.

Recorte de nuevo las florentinas y sepárelas del papel. Derrita el chocolate restante, úntelo sobre las caras recubiertas y dibuje unas ondas con un tenedor. Deje cuajar la cobertura. Disponga las florentinas en una fuente, algunas por el anverso y otras por el reverso. Resérvelas en un lugar fresco.

para unas 20 unidades

- 75 g de mantequilla, y un poco más para engrasar
- 60 g de azúcar
- 2 cucharadas de pasas
- 2 cucharadas de cerezas confitadas picadas
- 2 cucharadas de jengibre confitado picado
- 25 g de pipas de girasol
- 100 g de almendra fileteada
- 2 cucharadas de nata (crema) extragrasa
- 175 g de chocolate negro
- harina, para espolvorear

Pastas

Biscotti con arancia ed amarena
Carquiñoles de naranja y cereza

para 15-20 unidades

- 150 g de almendras enteras escaldadas
- 100 g de cerezas secas o arándanos rojos secos
- 100 g de piñones
- 140 g de harina, y un poco más para espolvorear
- 175 g de azúcar
- 1 cucharadita de levadura en polvo
- 1/4 de cucharadita de nuez moscada molida
- 1/4 de cucharadita de canela molida
- la ralladura de 1 naranja
- 2 huevos
- 2 cucharaditas de esencia de vainilla

Precaliente el horno a 180 °C. Forre dos bandejas de horno con papel vegetal. Trocee las almendras y las cerezas. Póngalas en un bol con los piñones. Incorpore la harina, el azúcar, la levadura, la nuez moscada, la canela y la ralladura de naranja.

Bata los huevos con la vainilla en otro bol. Añada los ingredientes secos y mézclelo hasta obtener una masa consistente. Vuelque la masa sobre la encimera espolvoreada con un poco de harina. Trabájela 4 o 5 minutos, o hasta que deje de estar pegajosa. Divídala en dos y dele a cada mitad forma de tronco aplanado largo y grueso, de unos 5 cm de ancho. Disponga las porciones de masa en las bandejas. Cuézalas en el horno de 20 a 25 minutos, hasta que empiecen a tomar color.

Sáquelas y déjelas enfriar 5 minutos. Baje la temperatura del horno a 160 °C. Ponga las porciones de masa horneadas en una tabla y, con un cuchillo de sierra, córtelas en rodajas de 1 cm de grosor, formando así los carquiñoles. Páselos a las bandejas forradas y hornéelos de 15 a 20 minutos, hasta que estén secos y crujientes. Sáquelos del horno y déjelos enfriar. Guárdelos en un recipiente hermético.

Pastas

Índice analítico

A

aceitunas
    Pan con pesto y aceitunas 36
amaretti
    Melocotones rellenos de amaretti 48

B

Biscotti ai mirtilli e pinoli 72
Biscotti con arancia ed amarena 78
Biscotti/Cantucci di mandorle 66
Bizcocho de Pascua 32-33
Buñuelos de ricota 74
Buñuelos venecianos 64

C

Cannoli siciliani 68
Canutillos de ricota y chocolate 68
carquiñoles
    Carquiñoles 66
    Carquiñoles de arándanos y piñones 72
    Carquiñoles de naranja y cereza 78
Carquiñoles 66
Carquiñoles de arándanos y piñones 72
Carquiñoles de naranja y cereza 78
Cassata 50
Castagnole fritte 64
Cenci 70
cerezas
    Carquiñoles de naranja y cereza 78
Chiacchiere 74
chocolate
    Canutillos de ricota y chocolate 68
    Florentinas 76
    Helado siciliano de ricota 50
    Tarta de chocolate 34
    Tarta de chocolate y pera 28
    Tiramisú 10
    Tiramisú blanco con fresas 54
Ciabatta 40
Cintas 70
Crostata con i fichi freschi 58
Crostata di limone 24

D

Dolce di panettone 52

E

especias
    Tarta toscana de Navidad 18

F

Fiorentini 76
Florentinas 76
Fragole balsamiche 60
fresas
    Fresas al vinagre balsámico 60
    Panacota 14
    Tiramisú blanco con fresas 54
fruta seca
    Florentinas 76
    Helado siciliano de ricota 50
    Panettone 12
    Pudin de panettone 52
    Tarta toscana de Navidad 18
frutos secos
    Carquiñoles 66
    Florentinas 76
    Helado siciliano de ricota 50
    Tarta de almendra 30
    Tarta toscana de Navidad 18

G

Gelato di albicocche 56
Gelato di lampone 46
Granita di limone 16

H

helado
    Helado de albaricoque 56
    Helado de frambuesa 46
    Helado siciliano de ricota 50
    Helado de albaricoque 56
    Helado de frambuesa 46
    Helado siciliano de ricota 50
higos
    Tarta de higos 58
huevos
    Tarta de chocolate 34
    Tarta de limón 24
    Tiramisú 10
    Sabayón 22

L

limones
    Buñuelos de ricota 74
    Granizado de limón 16
    Tarta de limón 24
    Tarta de ricota 20

M

Melocotones rellenos
    de amaretti 48

N

naranjas
    Bizcocho de Pascua 32-33
    Buñuelos de ricota 74
    Canutillos de ricota y chocolate 68
    Carquiñoles de naranja y cereza 78
    Cintas 70
    Tarta de almendra 30
nata
    Helado de albaricoque 56
    Helado siciliano de ricota 50
    Panacota 14
    Tarta de limón 24
    Tiramisú 10

P

Pan con pesto y aceitunas 36
Pan toscano sin sal 38
Pane con pesto ed olive 36
Pane toscano 38
Polenta a la parmesana 42
panes
    Chapata 40
    Pan con pesto y aceitunas 36
    Pan toscano sin sal 38
    Panettone 12
    Pudin de panettone 52
Panettone 12
Pudin de panettone 52
Panforte di Siena 18
Panna cotta 14
peras
    Tarta de chocolate y pera 28
Pesche e amaretti 48

piñones
    Carquiñoles de arándanos
    y piñones 72
polenta
    Polenta a la parmesana 42
    Polenta parmigiana 42

S

Sabayón 22
Schiacciata 32-33

T

Tarta de almendra 30
Tarta de chocolate 34
Tarta de chocolate y pera 28
Tarta de higos 58
Tarta de limón 24
Tarta de ricota 20
Tarta toscana de Navidad 18
tartas
    Tarta de almendra 30
    Tarta de chocolate 34
    Tarta de chocolate y pera 28
    Tarta de higos 58
    Tarta de limón 24
    Tarta de ricota 20
    Tarta toscana de Navidad 18
Tiramisú 10
Tiramisú blanco con fragole 54
Tiramisú blanco con fresas 54
Tiramisú blanco con fresas 54
Torta al cioccolato 34
Torta di cioccolata & pere 28
Torta di mandorle 30
Torta di ricotta al forno 20

Z

Zabaione 22

tabla **de** equivalencias

Las equivalencias exactas de la siguiente tabla han sido redondeadas por conveniencia.

medidas de líquidos/sólidos

sistema imperial (EE UU)	sistema métrico
1/4 de cucharadita	1,25 mililitros
1/2 cucharadita	2,5 mililitros
3/4 de cucharadita	4 mililitros
1 cucharadita	5 mililitros
1 cucharada (3 cucharaditas)	15 mililitros
1 onza (de líquido)	30 mililitros
1/4 de taza	60 mililitros
1/3 de taza	80 mililitros
1/2 taza	120 mililitros
1 taza	240 mililitros
1 pinta (2 tazas)	480 mililitros
1 cuarto de galón (4 tazas)	950 mililitros
1 galón (4 cuartos)	3,84 litros
1 onza (de sólido)	28 gramos
1 libra	454 gramos
2,2 libras	1 kilogramo

temperatura del horno

fahrenheit	celsius	gas
225	110	1/4
250	120	1/2
275	140	1
300	150	2
325	160	3
350	180	4
375	190	5
400	200	6
425	220	7
450	230	8
475	240	9

longitud

sistema imperial (EE UU)	sistema métrico
1/8 de pulgada	3 milímetros
1/4 de pulgada	6 milímetros
1/2 pulgada	1,25 centímetros
1 pulgada	2,5 centímetros

COCINA CASERA

Recetas italianas tradicionales

COCINA CASERA

Recetas italianas tradicionales

Publicado por Parragon Inc. en 2013
Love Food es un sello editorial de Parragon Books Ltd.

Parragon, Inc.
440 Park Avenue South
13th Floor
New York NY 10016 USA

Copyright © Parragon Books Ltd 2013

Traducción: Carme Franch para Delivering iBooks&Design
Redacción y maquetación: Delivering iBooks&Design, Barcelona

Love Food y el logotipo correspondiente son una marca comercial registrada de Parragon Books Ltd
en Australia, Reino Unido, Estados Unidos, India y la Unión Europea.

www.parragon.com/lovefood

Todos los derechos reservados. Ninguna parte de esta obra se puede reproducir, almacenar o transmitir
de forma o por medio alguno, sea este electrónico, mecánico, por fotocopia, grabación o cualquier otro,
sin la previa autorización escrita de los titulares de los derechos.

ISBN: 978-1-4723-2460-3
Impreso en China/Printed in China

Diseño: Sabine Vonderstein
Historia: Dominic Utton
Fotografías adicionales de la página 6 (abajo) y la página 7 (arriba): Henry Sparrow

Todos los personajes mencionados en este libro son ficticios. Cualquier parecido con personas vivas
o muertas es pura coincidencia.

Notas:
En este libro las medidas se dan en el sistema métrico. Para términos que difieren enormemente de una región a otra,
hemos añadido variantes en la lista de ingredientes. Se considera que 1 cucharadita equivale a 5 ml y 1 cucharada,
a 15 ml. Si no se da otra indicación, la leche será siempre entera, los huevos y las verduras u hortalizas, como las
patatas, de tamaño medio, y la pimienta, negra y recién molida. Si no se da otra indicación, las hortalizas de raíz
deberán lavarse y pelarse con anterioridad. Para obtener mejores resultados, compruebe la temperatura de la carne
y las aves con un termómetro de cocina.

Las guarniciones, los adornos y las sugerencias de presentación son opcionales y no se incluyen necesariamente en la lista
de ingredientes o el modo de preparación de la receta. Los tiempos indicados son orientativos. Los tiempos de preparación
pueden variar de una persona a otra según su técnica culinaria; asimismo, también pueden variar los tiempos de cocción.
Los ingredientes opcionales, las variaciones y las sugerencias de presentación no se han incluido en los cálculos.

Las recetas que llevan huevo crudo o poco hecho no están indicadas para niños, ancianos, mujeres embarazadas ni
personas convalecientes o enfermas. Se recomienda a las mujeres embarazadas o lactantes que no consuman cacahuetes
ni productos derivados. Las personas alérgicas a los frutos secos tendrán que tener en cuenta que algunos de los productos
preparados que llevan estas recetas pueden contenerlos; por tanto, antes de dosificarlos deberán leer atentamente la lista
de sus ingredientes. Compruebe siempre el envase de los productos antes de abrirlos. Los vegetarianos han de tener en
cuenta que algunos de los productos preparados que se utilizan en estas recetas pueden contener ingredientes de origen
animal. También en este caso se recomienda leer con atención la lista de ingredientes de dichos productos. Compruebe
siempre el envase de los productos antes de abrirlos.

Índice

Introducción 6

Entrantes 8

Pizza y pasta 24

Comidas en familia 42

Aperitivos y guarniciones 62

Índice analítico 80

Introducción

Ciao! Bienvenido al mundo de la cocina tradicional italiana. En este libro no solo descubrirá los secretos de las mejores recetas, sino sobre todo el placer de reunir a toda la familia en torno a la mesa. ¡Y créame si le digo que soy toda una experta!

Para empezar, quisiera presentarme. Soy la madre de una familia numerosa, bonita y alegre de un pequeño pueblo de Apulia, una región del sur de Italia. Mi marido Alberto y yo vivimos en la misma casa en la que él se crió. Somos gente sencilla pero llevamos la vida que queremos. No hay nada que me guste más que cocinar para toda la familia.

En Apulia hay un dicho que reza: «Una buona mamma vale cento maestre», es decir, «una buena madre vale lo mismo que cien maestros». Y es verdad, sobre todo cuando se trata de cocinar. Para mí, lo mejor de la cocina es ver que hago felices a los míos, tanto cuando tengo que improvisar algo sencillo, como un Arroz con guisantes para una comida al aire libre o una ensalada rápida si mis hijos María o Alessandro se presentan por sorpresa en casa a la hora de la cena, como si quiero preparar platos más sofisticados, como un Estofado al vino tinto o unas Vieiras gratinadas, para agasajar a Gianluca y Lucia si vienen de visita o en cualquier otra ocasión especial.

Mis recetas son fruto del amor que siento por mi familia, y cuando todos se sientan a mi mesa soy la cocinera más feliz del mundo.

Espero que disfrute de estas recetas tanto como yo y, por encima de todo, que su familia las saboree con tanto deleite como la mía.

Buon appetito!

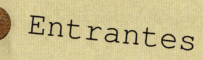

Entrantes

Sopa de hortalizas con fideos	10
Sopa toscana de alubias	12
Entremeses	14
Champiñones rellenos de espinacas y beicon	16
Bruschetta con mozzarella	18
Higos con gorgonzola	20
Mozzarella empanada	22

Entrantes

Minestrone
Sopa de hortalizas con fideos

para 4 personas

2 cucharadas de aceite de oliva
2 dientes de ajo picados
2 cebollas rojas picadas
75 g de jamón curado en lonchas
1 pimiento (ají, morrón, chile) rojo y 1 amarillo, sin las pepitas y troceados
400 g de tomate (jitomate) troceado de lata
1 litro de caldo de verduras
1 rama de apio, sin las hojas y en rodajas
400 g de alubias (porotos, frijoles) blancas cocidas, escurridas
100 g de col (repollo) en juliana
75 g de guisantes (arvejas, chícharos) congelados, a temperatura ambiente
1 cucharada de perejil picado
75 g de fideos
sal y pimienta
parmesano recién rallado, para adornar
pan, para servir

Caliente el aceite en una cazuela. Sofría el ajo, la cebolla y el jamón a fuego medio 3 minutos, removiendo, hasta que empiecen a ablandarse. Añada el pimiento rojo, el amarillo y el tomate, y rehogue 2 minutos más sin dejar de remover. Vierta el caldo y añada el apio, las alubias, la col, los guisantes y el perejil. Salpimiente.

Lleve la sopa a ebullición, baje el fuego y cuézala 30 minutos.

Eche los fideos. Prolongue la cocción de 10 a 12 minutos más, o el tiempo que se indique en el paquete de los fideos. Aparte la cazuela del fuego y reparta la sopa entre 4 boles precalentados. Adórnela con parmesano recién rallado y sírvala con pan.

Entrantes

Entrantes

Ribollita
Sopa toscana de alubias

para 6 personas

300 g de cada de alubias (porotos, frijoles) cannellini y borlotti cocidas, escurridas
600 ml de caldo de verduras
115 g de pasta para sopa
4 cucharadas de aceite de oliva
2 dientes de ajo bien picados
3 cucharadas de perejil picado
sal y pimienta

En el robot de cocina, triture bien la mitad de cada clase de alubias con la mitad del caldo. Viértalo en una cazuela grande de base gruesa y agregue el resto de las alubias. Añada caldo hasta obtener la consistencia que sea de su gusto y lleve la sopa a ebullición. Eche la pasta y deje que vuelva a hervir. Baje el fuego y cuézala 15 minutos o hasta que la pasta esté tierna.

Mientras tanto, caliente 3 cucharadas del aceite en una sartén pequeña. Sofría el ajo, sin dejar de remover, 2 o 3 minutos, o hasta que se dore. Añádalo a la sopa con el perejil.

Salpiméntela y repártala entre los boles precalentados. Rocíela con el resto del aceite y sírvala enseguida.

Entrantes

Entrantes

Jamón de Parma

Antipasti misti di carne
Entremeses

para 4 personas

1 melón cantaloupe
55 g de salami en rodajas finas
8 lonchas de jamón curado
8 lonchas de bresaola
8 lonchas de mortadela
4 tomates (jitomates) en rodajas finas
4 higos en cuartos
55 g de aceitunas negras deshuesadas
2 cucharadas de hojas de albahaca en juliana
4 cucharadas de aceite de oliva virgen extra, y un poco más para servir
pimienta
chapata, para servir

Parta el melón por la mitad, retírele las pepitas y córtelo en 8 rajas. Dispóngalos a un lado de una fuente de servicio.

Doble con delicadeza las lonchas de salami, jamón, bresaola y mortadela, y colóquelas al otro lado de la fuente. Disponga las rodajas de tomate y los higos en el centro.

Reparta las aceitunas y la albahaca por encima y aliñelo todo con un chorrito de aceite. Sazone con pimienta y sirva los entremeses con chapata y un poco más de aceite para mojar y aliñar.

Salami

Aceituna negra

Entrantes

Entrantes

Funghi ripieni con spinaci e pancetta
Champiñones rellenos de espinacas y beicon

para 4 personas

- 55 g de espinacas tiernas
- 4 champiñones silvestres grandes
- 3 cucharadas de aceite de oliva
- 55 g de beicon (panceta, tocino), sin la corteza y en daditos
- 2 dientes de ajo majados
- 55 g de pan rallado blanco o integral
- 2 cucharadas de albahaca picada
- sal y pimienta

Precaliente el horno a 200 °C. Lave las espinacas y póngalas en una cazuela solo con el agua que quede en las hojas. Cuézalas 2 o 3 minutos, hasta que se ablanden. Escúrralas, estrújelas para eliminar toda el agua posible y píquelas bien. Córteles el pie a los champiñones. Reserve los sombreros y pique los pies.

Caliente 2 cucharadas del aceite en una sartén. Rehogue los sombreros de los champiñones, con la parte redondeada hacia abajo, 1 minuto. Retírelos de la sartén y dispóngalos de la misma forma en una fuente refractaria grande. En la misma sartén, rehogue 5 minutos los pies picados de los champiñones con el beicon y el ajo.

Incorpore las espinacas, el pan rallado y la albahaca, y salpimiente. Mezcle bien el relleno y repártalo entre los sombreros. Rocíelos con el aceite restante. Ase los champiñones rellenos en el horno 20 minutos, hasta que estén crujientes y dorados.

Entrantes

> Mi sugerencia:
> Con daditos de beicon, espinacas, ajo y pan rallado crujiente y dorado obtendrá un relleno delicioso para los champiñones. Sírvalos recién salidos del horno o prepárelos con antelación y sírvalos a temperatura ambiente.

Entrantes

Bruschetta con mozzarella
Bruschetta con mozzarella

para 4 personas

4 rebanadas de pan de hogaza
2 dientes de ajo
4 cucharadas de aceite de oliva
150 g de mozzarella de búfala en rodajas
2 tomates (jitomates) en rodajas
sal y pimienta
hojas de albahaca, para adornar

Tueste las rebanadas de pan por ambos lados bajo el gratinador o en el horno hasta que se doren bien.

Parta los dientes de ajo por la mitad. Frote una tostada con la parte cortada de medio diente de ajo y rocíela con 1 cucharada del aceite. Repita la operación con las tostadas restantes. Reparta la mozzarella y el tomate entre las tostadas, salpimiéntelas y adórnelas con hojas de albahaca.

Entrantes

Fichi e gorgonzola
Higos con gorgonzola

para 4 personas

mantequilla, para engrasar
70 g de azúcar
85 g de almendras enteras crudas, escaldadas o sin escaldar
8 higos maduros
350 g de gorgonzola en dados
aceite de oliva virgen extra, para aliñar

Unte la bandeja del horno con mantequilla. En un cazo y sin dejar de remover, caliente el azúcar a fuego medio-fuerte hasta que se derrita, tome un color marrón oscuro y burbujee; en cuanto empiece, deje de remover. Apártelo del fuego y eche las almendras de una en una, removiéndolas rápidamente con un tenedor hasta que queden bien recubiertas. Si el caramelo empezara a endurecerse, vuelva a calentarlo. Vaya pasando las almendras caramelizadas a la bandeja.

Déjelas enfriar hasta que se seque el caramelo. Para servir, parta los higos en cuartos y disponga 8 porciones en cada plato. Trocee las almendras caramelizadas con los dedos. Reparta el gorgonzola entre los platos y esparza las almendras por encima. Aliñe los higos con un chorrito de aceite.

Entrantes

Entrantes

Mozzarella in carrozza
Mozzarella empanada

para 4 personas

8 rebanadas de pan de molde, preferiblemente del día anterior, sin la corteza
100 g de mozzarella en rodajas finas
55 g de aceitunas negras picadas
8 filetes de anchoa en aceite, escurridos y picados
16 hojas de albahaca, y unas cuantas más para adornar
4 huevos batidos
150 ml de leche
sal y pimienta
aceite, para freír

Parta las rebanadas de pan en 2 triángulos. Reparta la mozzarella, las aceitunas y las anchoas entre 8 triángulos. Agregue la albahaca y salpimiente.

Cierre los sándwiches con los otros 8 triángulos de pan, pellizcando bien los bordes para que queden cerrados.

En un plato, bata los huevos con la leche. Sumerja los bocadillos de mozzarella y déjelos en remojo unos 5 minutos, dándoles la vuelta una vez.

Caliente abundante aceite en una cazuela grande a 180 o 190 °C, o hasta que al echar un dado de pan se dore en 30 segundos.

Antes de freír los sándwiches, pellízquelos de nuevo por el borde. Sumérjalos con cuidado en el aceite y fríalos 2 minutos, o hasta que se doren, dándoles la vuelta una vez. Sáquelos del aceite con una espumadera y déjelos escurrir sobre papel de cocina. Probablemente tendrá que proceder por tandas.

Sirva los sándwiches enseguida, adornados con hojas de albahaca.

Entrantes

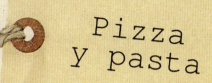

Pizza y pasta

Mis pizzas favoritas	26
Espaguetis con albóndigas	28
Lasaña con ricota y mozzarella	30
Salsa boloñesa	32
Espaguetis a la carbonara	34
Lacitos con tomates secos y albahaca	36
Canelones de espinacas	38
Raviolis de calabaza	40

Mis pizzas favoritas

Masa para 4 bases de pizza

2 sobres de levadura seca de panadería
½ cucharadita de azúcar
125 ml de agua templada
425 g de harina, y un poco más para espolvorear
1 cucharadita de sal
3 cucharadas de aceite de oliva
5-7 cucharadas de agua

Desmenuce la levadura en un cuenco y esparza el azúcar por encima. Añada el agua templada y remueva para disolver la levadura y el azúcar. Tápelo con un paño limpio y déjelo reposar 30 minutos en un lugar cálido.

Tamice la harina en un bol grande. Haga un hoyo en el centro y vierta dentro la mezcla de levadura; añada la sal, el aceite y las cucharadas de agua.

Trabaje los ingredientes hasta obtener una masa ligada y sedosa, y dele forma de bola. Espolvoréela con un poco de harina, tápela y déjela leudar en un lugar cálido 1 hora, o hasta que doble su volumen.

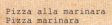

Pizza alla marinara
Pizza marinara

masa para 4 bases de pizza
800 g de tomate (jitomate) troceado de lata
3-4 dientes de ajo bien picados
1 cucharada de orégano
55 g de alcaparras
100 g de aceitunas negras
200 g de queso Bel Paese rallado
3 cucharadas de aceite de oliva, y un poco más para untar los moldes
sal y pimienta

Precaliente el horno a 220 °C y unte con aceite cuatro moldes redondos para pizza.

Divida la masa en cuatro porciones iguales y, en la encimera espolvoreada con harina, extiéndalas en redondeles del tamaño de los moldes. Pase las bases a los moldes.

Reparta el tomate por encima. Condimente con el ajo, el orégano, sal y pimienta. Esparza las alcaparras y las aceitunas por encima, y, por último, el queso rallado. Rocíe las pizzas con el aceite y cuézalas en el horno precalentado unos 20 minutos.

Pizza y pasta

Pizza quattro stagioni
Pizza cuatro estaciones

... g de mantequilla
... g de champiñones laminados
... tomates (jitomates)
... g de jamón cocido
... g de mozzarella
... g de corazones de alcachofa (alcaucil) en aceite
masa para 4 bases de pizza
harina, para espolvorear
... aceitunas negras deshuesadas
... cucharadita de orégano
... cucharadas de aceite de oliva, y para untar
sal y pimienta

Precaliente el horno a 220 °C y unte con aceite cuatro moldes redondos para pizza. Caliente la mantequilla en una sartén y saltee los champiñones 10 minutos. Pele los tomates, pártalos en cuartos, despepítelos y córtelos en daditos. Corte el jamón en trocitos y la mozzarella, en lonchas finas. Parta los corazones de alcachofa en cuartos.

Divida la masa en cuatro porciones y, en la encimera enharinada, extiéndalas en redondeles del tamaño de los moldes. Páselos a los moldes.

Reparta el tomate y la mozzarella entre las pizzas. En un cuarto de cada una, extienda los champiñones; ponga el jamón en otro cuarto; en otro, la alcachofa, y en el último, las aceitunas. Condimente con el orégano, sal y pimienta, y rocíe con el aceite. Cueza las pizzas en el horno unos 20 minutos.

Pizza Margherita
Pizza Margarita

90 ml de aceite de oliva, y un poco más para untar los moldes
2 cebollas pequeñas en daditos
400 g de tomate (jitomate) troceado de lata
500 g de passata
1 cucharadita de orégano
masa para 4 bases de pizza
harina, para espolvorear
400 g de mozzarella
sal y pimienta
hojas de albahaca, para adornar

Caliente 4 cucharadas del aceite en una cazuela de base gruesa y sofría la cebolla hasta que esté translúcida. Añada el tomate troceado, la passata y el orégano, y salpimiente. Cueza la salsa unos 30 minutos a fuego medio.

Precaliente el horno a 220 °C y unte con aceite cuatro moldes redondos para pizza. Divida la masa en cuatro porciones iguales y, en la encimera espolvoreada con harina, extiéndalas en redondeles del tamaño de los moldes. Pase las bases a los moldes.

Corte la mozzarella en lonchas finas. Pinte las bases con la salsa de tomate, reparta la mozzarella por encima y rocíe con el aceite restante. Cueza las pizzas en el horno precalentado unos 20 minutos, adórnelas con las hojas de albahaca y sírvalas enseguida.

Pizza y pasta

Spaghetti con le polpette
Espaguetis con albóndigas

para 6 personas

1 patata (papa) en dados
400 g de carne de carne de buey (vacuno) picada
1 cebolla bien picada
1 huevo
4 cucharadas de perejil picado
harina, para rebozar
5 cucharadas de aceite de oliva virgen
400 ml de passata
2 cucharadas de concentrado de tomate (jitomate)
400 g de espaguetis
sal y pimienta
6 hojas de albahaca en juliana y parmesano recién rallado, para adornar

Ponga las patatas en un cazo, cúbralas con agua, eche un poco de sal y llévelas a ebullición. Cuézalas de 10 a 15 minutos, hasta que estén tiernas, y escúrralas. Cháfelas con un tenedor o páselas por el pasapurés.

Mezcle en un bol la patata con la carne, la cebolla, el huevo y el perejil. Salpimiente. Extienda harina en un plato. Humedézcase las manos, forme con la pasta bolas del tamaño de una nuez y páselas por la harina. Sacuda el exceso de harina.

Caliente el aceite en una sartén grande de base gruesa y fría las albóndigas a fuego medio, dándoles la vuelta varias veces, de 8 a 10 minutos, hasta que se doren. Añada la passata y el concentrado de tomate, y cuézalas 10 minutos, hasta que la salsa se reduzca y se espese. Mientras tanto, ponga a hervir agua con sal en una cazuela grande. Eche la pasta y, contando a partir de que vuelva a romper el hervor, cuézala de 8 a 10 minutos, hasta que esté al dente.

Escúrrala bien, viértala en la sartén de las albóndigas y remueva para que se impregne bien de salsa. Pásela a una fuente de servicio precalentada, adórnela con la albahaca y el parmesano rallado, y sírvala enseguida.

Pizza y pasta

Lasagne al forno
Lasaña con ricota y mozzarella

para 6 personas

175 ml de aceite de oliva
55 g de mantequilla
100 g de panceta en dados
1 cebolla bien picada
1 rama de apio bien picada
1 zanahoria bien picada
350 g de buey (vacuno) para estofar en una pieza
5 cucharadas de vino tinto
2 cucharadas de pasta de tomates (jitomates) secados al sol
200 g de salchichas
2 huevos
150 g de pecorino o parmesano recién rallados
30 g de pan recién rallado
350 g de ricota
8 láminas de lasaña precocida
350 g de mozzarella en lonchas
sal y pimienta
perejil picado, para adornar

Caliente en una cazuela grande 125 ml del aceite con la mantequilla. Rehogue la panceta, la cebolla, el apio y la zanahoria a fuego lento hasta que se ablanden. Suba el fuego a medio, agregue la carne y rehóguela hasta que se dore bien. Añada el vino y la pasta de tomate, salpimiente y llévelo a ebullición. Baje el fuego, tape la cazuela y cuézalo 1 1/2 horas, hasta que la carne esté tierna.

Mientras tanto, caliente 2 cucharadas del aceite restante en una sartén. Fría las salchichas de 8 a 10 minutos. Retírelas de la sartén y quíteles la piel. Córtelas en rodajitas y resérvelas. Pase la carne a una tabla de cortar y córtela en daditos. Devuelva la mitad de la carne a la cazuela, con la salsa.

Ponga el resto en un bol y mézclela con 1 huevo, 1 cucharada del parmesano y el pan rallado. Forme con el picadillo bolas del tamaño de una nuez. Caliente el aceite restante en una sartén y fría las albóndigas de 5 a 8 minutos, hasta que se doren. Tamice la ricota en un bol, presionando. Mézclela con el otro huevo y 4 cucharadas del parmesano.

Pizza y pasta

Precaliente el horno a 180 °C. En una fuente refractaria rectangular, disponga capas de láminas de lasaña, crema de ricota, salsa de carne, albóndigas, salchicha y mozzarella, terminando con una de crema de ricota. Espolvoree la lasaña con el parmesano restante.

Cuézala en el horno de 20 a 25 minutos, hasta que esté hecha y borbotee. Sírvala enseguida, adornada con perejil picado.

Pizza y pasta *Fettuccine*

Ragù alla bolognese
Salsa boloñesa

Quadrucci

para 4 personas

25 g de setas calabaza secas
125 ml de agua templada
15 g de mantequilla
55 g de panceta en dados
1 cebolla pequeña bien picada
1 diente de ajo bien picado
2 zanahorias pequeñas en daditos
2 ramas de apio en daditos
300 g de carne de buey (vacuno) picada
1 pizca de azúcar
nuez moscada recién rallada
1 cucharada de concentrado de tomate (jitomate)
125 ml de vino tinto
250 g de passata
sal y pimienta

Deje las setas en remojo en el agua templada 20 minutos.

Derrita la mantequilla en una cazuela y rehogue la panceta.

Añada la cebolla y el ajo, y siga sofriendo hasta que la cebolla esté translúcida. Incorpore la zanahoria y el apio, y rehóguelo unos minutos más, removiendo a menudo.

Añada la carne y rehóguela sin dejar de remover. Salpimiente y agregue el azúcar y un poco de nuez moscada. Eche el concentrado de tomate, remueva un par de minutos más y, a continuación, vierta el vino. Agregue la passata y remueva. Corte las setas en tiras finas y añádalas a la salsa. Con un colador de malla fina, cuele el agua del remojo en la sartén. Deje espesar la salsa 1 hora a fuego lento.

Tallarines   *Espaguetis*

Lasaña

Lacitos

Plumas

Pizza y pasta

Espirales

Conchiglie

Canelones

Cabello de ángel

Spaghetti alla carbonara
Espaguetis a la carbonara

para 4 personas

- 400 g de espaguetis
- 4 huevos
- 4 cucharadas de nata (crema) extragrasa
- 55 g de parmesano rallado
- 55 g de pecorino rallado
- 15 g de mantequilla
- 150 g de panceta en daditos
- sal y pimienta

Ponga a hervir en una cazuela abundante agua con un poco sal. Siguiendo las indicaciones del paquete, cueza los espaguetis hasta que estén al dente.

Mientras tanto, mezcle en un bol los huevos con la nata, el parmesano y el pecorino. Salpimiente.

Derrita la mantequilla en una cazuela y fría la panceta hasta que esté crujiente. Escurra los espaguetis y devuélvalos a la cazuela antes de que dejen de chorrear del todo. Viértales la salsa de queso por encima. Aparte la cazuela del fuego y añada la panceta. Remueva los espaguetis hasta que el huevo empiece a cuajar y esté cremoso, sin pasar de ese punto.

Repártalos entre 4 platos precalentados, sazónelos con pimienta y sírvalos.

Pizza y pasta

Pizza y pasta

Farfalle con pomodori secchi e basilico
Lacitos con tomates secos y albahaca

para 4 personas

30 g de tomates (jitomates) secados al sol
55 g de piñones
1 puñado de hojas de albahaca
2 dientes de ajo picados
½ cucharadita de sal
100 ml de aceite de oliva
1 cucharada de parmesano rallado
400 g de lacitos
sal y pimienta

Cubra los tomates secos con agua y déjelos 25 minutos en remojo. Escúrralos, estrújelos para eliminar toda el agua posible y píquelos.

Tueste los piñones en una sartén hasta que se doren. Aparte la sartén del fuego y, en un mortero, maje la mitad de los piñones con la albahaca, el ajo y la sal. Incorpore el aceite poco a poco. A continuación, añada el parmesano.

Incorpore el picadillo de tomate a la salsa de albahaca.

Ponga a hervir en una cazuela abundante agua con un poco sal. Siguiendo las indicaciones del paquete, cueza los lacitos hasta que estén al dente. Escúrralos y, antes de que dejen de chorrear del todo, mézclelos con la salsa en un bol precalentado. Repártalos entre 4 platos precalentados, salpimiéntelos y adórnelos con los piñones tostados enteros.

Pizza y pasta

Cannelloni agli spinaci
Canelones de espinacas

para 4 personas

600 g de espinacas
20 g de mantequilla, y un poco más para untar la fuente
1 cebolla pequeña bien picada
200 g de ricota
12 tubos de canelones no precocinados
600 ml de bechamel o salsa de queso preparadas
55 g de parmesano rallado
nuez moscada
sal y pimienta

Precaliente el horno a 200 °C y unte una fuente refractaria con mantequilla. Lave bien las espinacas, escójalas y quíteles los tallos más duros. Caliente la mantequilla en una cazuela y sofría la cebolla hasta que esté translúcida.

Añada las espinacas mojadas, tape la cazuela y deje que se ablanden. Escúrralas bien presionándolas en un colador y píquelas. Mezcle las espinacas con la ricota y sazone la pasta con sal, pimienta y nuez moscada. Introduzca la pasta de espinacas en una manga pastelera con boquilla grande y rellene con ella los canelones.

Disponga los canelones, uno al lado de otro, en la fuente, nápelos con la bechamel y esparza el parmesano rallado por encima. Cuézalos en el horno precalentado de 25 a 30 minutos.

Pizza y pasta

Ravioli alla zucca
Raviolis de calabaza

para 4 personas

300 g de harina de trigo duro, y un poco más para espolvorear
2 huevos
1 cucharada de aceite
½ cucharadita de sal
1 cucharadita de vinagre
3-4 cucharadas de agua

relleno
1 cucharada de aceite de oliva
450 g de calabaza (zapallo) en dados
1 chalote (echalote, escalonia) en daditos
125 ml de agua, y un poco más para pintar
55 g de parmesano rallado
1 huevo
1 cucharada de perejil bien picado
sal y pimienta

Trabaje la harina con los huevos, el aceite, la sal, el vinagre y el agua hasta obtener una masa ligada y sedosa. Envuélvala en film transparente y déjela reposar en el frigorífico 1 hora.

Para preparar el relleno, caliente el aceite en una cazuela y rehogue la calabaza y el chalote hasta que este último esté translúcido. Añada el agua y cueza la calabaza hasta que se evapore el líquido. Déjela enfriar un poco y, a continuación, mézclela con el parmesano, el huevo y el perejil. Salpimiente.

Divida la masa en dos. Extienda ambas porciones en sendas láminas finas. Disponga cucharaditas del relleno en una de las láminas, dejando unos 4 cm entre los montoncitos. Pinte los espacios vacíos con un poco de agua. Extienda por encima del relleno la otra lámina de masa y presione alrededor de cada montoncito. Con un cortapastas, corte las porciones en cuadrados y pise bien los bordes con un tenedor. Deje secar los raviolis 30 minutos. Ponga a hervir agua con sal en una cazuela. Cueza los raviolis a fuego medio hasta que estén al dente. Retírelos con una espumadera y déjelos escurrir sobre papel de cocina.

Pizza y pasta

Ravioli al formaggio
Raviolis de queso

300 g de harina de trigo duro, y un poco más
   para espolvorear
2 huevos
1 cucharada de aceite
½ cucharadita de sal
1 cucharadita de vinagre
3-4 cucharadas de agua

relleno
250 g de queso feta (peso escurrido)
2 dientes de ajo bien picados
2 cucharadas de perejil bien picado
1 guindilla roja fresca, sin las pepitas y bien picada
sal y pimienta

Trabaje la harina con los huevos, el aceite, la sal, el vinagre y el agua hasta obtener una masa ligada y sedosa. Envuélvala en film transparente y déjela reposar en el frigorífico 1 hora.

Para preparar el relleno, desmenuce el queso y mézclelo con el ajo, el perejil y la guindilla. Salpimiente.

Haga los raviolis del mismo modo que los Raviolis de calabaza (página anterior).

Comidas en familia

Pollo a la cazadora	44
Estofado al vino tinto	46
Risotto de espárragos	48
Risotto negro	50
Risotto de setas	51
Osobuco a la milanesa	52
Berenjenas marinadas	54
Vieiras gratinadas	56
Atún con alubias blancas y alcachofas	58
Pechugas de pollo rellenas	60

Pollo alla cacciatora
Pollo a la cazadora

para 4 personas

1 pollo
2 cucharadas de aceite de oliva
55 g de panceta en dados
1 cebolla bien picada
125 ml de vino blanco
4 tomates (jitomates)
225 ml de caldo de pollo
sal y pimienta

Lave el pollo, séquelo con papel de cocina y pártalo en 8 trozos. Frote la piel con sal y pimienta abundantes. Caliente el aceite en una cazuela y rehogue la panceta y la cebolla hasta que esta última esté translúcida.

Añada el pollo y dórelo bien por todos los lados. Desglase los jugos de la cazuela con el vino y deje que se reduzca 5 minutos.

Pele los tomates, pártalos en cuartos, retíreles las pepitas y córtelos en daditos. Añada el tomate a la cazuela y cúbralo todo con el caldo. Tápelo y cuézalo a fuego lento de 30 a 40 minutos. Antes de servir el pollo, salpimiéntelo.

Comidas en familia

Stracotto di manzo
Estofado al vino tinto

para 6 personas

3 cucharadas de aceite de oliva
2 cebollas en rodajas finas
2 dientes de ajo picados
1 kg de carne de buey (vacuno) para estofar en tiras gruesas
2 cucharadas de harina
300 ml de vino tinto de buena calidad, tipo Chianti
2 ramitas de salvia
225 ml de caldo de carne o de verduras
1 cucharada de concentrado de tomate (jitomate)
sal y pimienta
1 cucharada de perejil bien picado, para adornar
hortalizas de temporada cocidas, para acompañar (opcional)

Precaliente el horno a 150 °C. Caliente 1 cucharada del aceite en una sartén grande y sofría la cebolla y el ajo a fuego medio, removiendo a menudo, de 6 a 8 minutos o hasta que estén tiernos y dorados.

Retírelos con una espumadera y páselos a una cazuela que pueda ir al horno.

En la misma sartén, caliente el resto del aceite y sofría la carne a fuego fuerte, removiendo, 3 o 4 minutos o hasta que se dore bien. Esparza la harina por encima, removiendo para que no se formen grumos.

Salpimiente. Baje el fuego a medio, vierta el vino y remueva hasta que rompa el hervor.

Pase la carne con la salsa a la cazuela. Añada la salvia, el caldo y el concentrado de tomate, tape la cazuela y métala en el horno precalentado, a media altura. Cueza el estofado de 2 1/2 a 3 horas. Sáquelo del horno, deseche la salvia y rectifique la sazón.

Sirva el estofado enseguida, adornado con el perejil y, si lo desea, con unas hortalizas cocidas para acompañar.

Comidas en familia

Mi sugerencia:
Puede preparar del mismo modo un estofado de cordero, con una pierna o una paletilla. En la Toscana, con los cortes de carne menos tiernos se preparan distintos guisos. En esta receta la carne se cuece en el horno, de modo que requiere poca vigilancia.

Comidas en familia

Risotto con gli aspargi
Risotto de espárragos

```
para 4 personas

500 g de espárragos
1 litro de agua
1 pizca de azúcar
40 g de mantequilla
1 cebolla pequeña bien picada
300 g de arroz arborio
125 ml de vino blanco
sal y pimienta
```

Deseche la parte más dura de los espárragos. Separe las yemas y resérvelas. Trocee el resto del tallo. Ponga a hervir en una cazuela el agua con el azúcar, 1 cucharadita de la mantequilla y una pizca de sal. Escalde unos segundos las yemas de los espárragos. Retírelas con una espumadera, refrésquelas con agua helada y resérvelas. Sumerja los tallos troceados en la misma agua y cuézalos 15 minutos. Cuele el caldo y resérvelo. Triture los espárragos con la batidora de brazo y reserve el puré caliente.

En una sartén grande, caliente 1 cucharada de la mantequilla y rehogue la cebolla. Eche el arroz, remueva para que se empape bien, y desglase la sartén con el vino. Cuando se evapore, agregue un tercio del caldo caliente de espárragos, y no deje de remover hasta que el arroz lo absorba. Repita la operación dos veces más. Transcurridos unos 15 minutos de cocción, añada la mantequilla restante y el puré de espárragos, e incorpore las yemas con cuidado. Salpimiente. Aparte la sartén del fuego y deje reposar el arroz 2 o 3 minutos antes de servirlo.

Comidas en familia

Comidas en familia

Risotto nero con seppie
Risotto negro

para 4 personas

- 500 g de sepias
- 1 manojo de perejil
- 4 cucharadas de aceite de oliva
- 1 chalote (echalote, escalonia) bien picado
- 1 diente de ajo bien picado
- 300 g de arroz arborio
- 225 ml de vino blanco
- 1 litro de caldo de pescado
- sal y pimienta

Limpie las sepias y reserve la tinta. Córtelas en tiras finas. Deshoje el perejil y pique bien las hojas. Ponga a hervir un poco de agua y cueza unos minutos la tinta con los tallos de perejil y una pizca de sal. Cuele esta salsa y resérvela. Caliente el aceite en una cazuela y sofría el chalote y el ajo. Añada la sepia y rehóguela un poco. Eche el arroz y remueva para que se empape bien. Desglase la cazuela con el vino.

Caliente el caldo de pescado en un cazo. Cuando el vino se evapore, vierta poco a poco un tercio del caldo caliente, y no deje de remover hasta que el arroz lo absorba. Repita la operación dos veces más.

Transcurridos 15 minutos, incorpore la salsa de tinta y prolongue la cocción unos minutos más. Salpimiente el arroz y adórnelo con el perejil picado reservado.

Comidas en familia

Risotto ai funghi porcini
Risotto de setas

para 4 personas

300 g de setas (hongos) calabaza
75 g de jamón curado en una loncha gruesa
40 g de mantequilla
2 chalotes (echalotes, escalonias) picados
300 g de arroz arborio
225 ml de prosecco
1 litro de caldo de carne
sal y pimienta
1 cucharada de perejil picado, para adornar
75 g de parmesano rallado, para servir

Lave las setas y córtelas en láminas finas. Corte el jamón en daditos. Derrita la mitad de la mantequilla en una cazuela y rehogue el chalote y el jamón. Esparza el arroz por encima y remueva para que se empape bien. Desglase la cazuela con el prosecco.

Caliente el caldo en un cazo. Cuando el vino se evapore, agregue un tercio del caldo caliente, y no deje de remover hasta que el arroz lo absorba. Repita la operación dos veces más.

Mientras tanto, derrita la mantequilla restante en un cazo y rehogue las setas. Incorpórelas al arroz. Salpimiente. Esparza el perejil picado por encima del arroz y sírvalo con el parmesano rallado.

Osso buco alla milanese
Osobuco a la milanesa

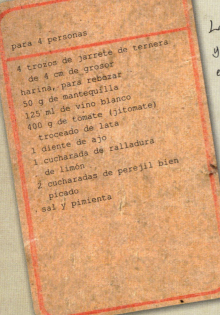

para 4 personas

4 trozos de jarrete de ternera de 4 cm de grosor
harina, para rebozar
50 g de mantequilla
125 ml de vino blanco
400 g de tomate (jitomate) troceado de lata
1 diente de ajo
1 cucharada de ralladura de limón
2 cucharadas de perejil bien picado
sal y pimienta

Lave la carne y séquela con papel de cocina. Frótela con sal y pimienta y enharínela. Sacúdala para que se desprenda el exceso de harina.

Derrita la mantequilla en una cazuela honda y dore las piezas de carne por ambos lados. Desglase la cazuela con el vino y reduzca la salsa. Incorpore el tomate y salpimiente. Tape la cazuela y cueza la carne a fuego lento al menos 1 1/2 horas, dándole la vuelta varias veces.

Estará hecha cuando empiece a desprenderse del hueso. Pique bien el ajo y mézclelo con la ralladura de limón y el perejil. Espárzalo por encima de la carne justo antes de servirla.

Comidas en familia

Comidas en familia

Melanzane alla campagnola
Berenjenas marinadas

para 4 personas

- 4 berenjenas
- 6 tomates (jitomates)
- 2 dientes de ajo
- ½ manojo de perejil
- 4 cucharadas de aceite de oliva, y un poco más para untar la bandeja
- sal y pimienta

Lave las berenjenas, límpielas y córtelas en rodajas de 1 cm de grosor. Sálelas y déjelas sudar 1 hora en un escurridor.

Precaliente el horno a 200 °C. Mientras tanto, pele los tomates, pártalos en cuartos, retíreles las pepitas y córtelos en daditos. Pele los ajos y píquelos bien junto con el perejil. Mezcle el picadillo con el tomate y salpimiente. Añada 2 cucharadas del aceite y déjelo marinar.

Unte la bandeja del horno con un poco de aceite. Seque bien las rodajas de berenjena con papel de cocina y dispóngalas una junto a la otra en la bandeja. Rocíelas con el aceite restante y áselas en el horno 5 minutos por cada lado. Para servir las berenjenas, vaya apilando en los platos rodajas de berenjena y capas de tomate.

Comidas en familia

Capesante al forno
Vieiras gratinadas

para 6 personas

- 700 g de vieiras, sacadas de la concha y troceadas
- 2 cebollas bien picadas
- 2 dientes de ajo bien picados
- 3 cucharadas de perejil picado
- 1 pizca de nuez moscada recién rallada
- 1 pizca de clavo molido
- 2 cucharadas de migas de pan
- 2 cucharadas de aceite de oliva
- sal y pimienta

Precaliente el horno a 200 °C. Mezcle en un bol las vieiras con la cebolla, el ajo, 2 cucharadas del perejil, la nuez moscada y el clavo, y salpimiente.

Repártalo entre 4 valvas cóncavas de vieira bien limpias o 4 cuencos refractarios. Esparza las migas y el resto del perejil por encima, y rocíelo con el aceite.

Ase las vieiras en el horno precalentado de 15 a 20 minutos, o hasta que empiecen a dorarse y estén bien calientes. Sírvalas enseguida.

Comidas en familia

Tonno con fagioli bianchi e carciofi
Atún con alubias blancas y alcachofas

para 6 personas

150 ml de aceite de oliva virgen
el zumo de 1 limón
½ cucharadita de copos de guindilla
4 filetes finos de atún fresco (unos 450 g)
300 g de alubias (porotos, frijoles) blancas remojadas toda una noche
1 chalote (echalote, escalonia) bien picado
1 diente de ajo majado
2 cucharaditas de romero picado
2 cucharadas de perejil picado
4 corazones de alcachofa (alcaucil) en aceite, en cuartos
4 tomates (jitomates) madurados al sol cortados en cuñas
16 aceitunas negras sin hueso
sal y pimienta
cuñas de limón, para adornar

Mezcle en una fuente llana 4 cucharadas del aceite con 3 cucharadas del zumo de limón, la guindilla y ¼ de cucharadita de pimienta. Unte bien el atún con ello y déjelo marinar en la fuente 1 hora a temperatura ambiente, dándole la vuelta de vez en cuando.

Mientras tanto, escurra las alubias, póngalas en una cazuela y cúbralas holgadamente con agua. Llévelas a ebullición y cuézalas a fuego fuerte 15 minutos. Baje un poco el fuego y cuézalas 30 minutos más, o hasta que estén tiernas pero sin que se deshagan. Sálelas en los últimos 5 minutos de cocción. Escurra las alubias y póngalas en un bol. Antes de que se enfríen, alíñelas con 5 cucharadas del aceite, el chalote, el ajo, el romero, el perejil y el zumo de limón restante.

Comidas en familia

Salpimiente. Déjelas reposar al menos 30 minutos para que los sabores se intensifiquen. Caliente el resto del aceite en una sartén a fuego vivo. Vierta el atún con su marinada y séllelo un par de minutos por cada lado, siempre a fuego vivo. Retírelo de la sartén y déjelo enfriar un poco.

Pase las alubias marinadas a una ensaladera. Incorpore la alcachofa, el tomate y las aceitunas, y rectifique de aceite, sal y pimienta. Desmenuce un poco el atún y repártalo por encima. Adorne el plato con cuñas de limón y sírvalo a temperatura ambiente.

Involtini di petti di pollo
Pechugas de pollo rellenas

para 4 personas

4 pechugas de pollo sin piel ni hueso de unos 150 g
4 lonchas finas de jamón curado
4 lonchas de queso pecorino
4 espárragos cocidos, y unos cuantos más para servir
1 cucharada de harina
40 g de mantequilla
2 cucharadas de aceite de oliva
150 ml de vino blanco seco
50 ml de caldo de pollo
sal y pimienta

Ponga cada pechuga entre 2 trozos de film transparente o en una bolsa de plástico y aplánelas con una maza o un rodillo hasta que tengan 8 mm de grosor. Salpiméntelas y extienda una loncha de jamón encima de cada una.

A continuación, reparta el queso y los espárragos. Enrolle las pechugas con cuidado y átelas con bramante. Espolvoréelas con harina y salpiméntelas.

Caliente 2 cucharadas de la mantequilla en una sartén grande. Fría las pechugas rellenas a fuego medio, dándoles la vuelta con frecuencia, 15 minutos o hasta que estén hechas, tiernas y doradas. Desátelas, páselas a una fuente de servicio precalentada y resérvelas calientes.

Vierta el vino y el caldo en la sartén, y llévelo a ebullición, sin dejar de remover y raspando el fondo para que se disuelvan los jugos. Añada el resto de la mantequilla, remueva bien y deje burbujear la salsa hasta que se espese.

Nape las pechugas rellenas con la salsa y sírvalas enseguida con unos espárragos más.

Comidas en familia

Mi sugerencia:
Sustituya el vino blanco por marsala y obtendrá un sabor diferente.

Aperitivos y guarniciones

Tostadas con queso y tomates secos — 64

Tortilla de perejil — 66

Bocaditos de pollo rebozado — 68

Bocaditos de queso — 70

Arroz con guisantes — 72

Ensalada de habas y pecorino — 74

Jamón con rúcula — 76

Ensalada de jamón y salami con higos — 78

Toast al formaggio e pomodori secchi
Tostadas con queso y tomates secos

para 4 personas

4 rebanadas de pan de hogaza
175 g de pasta de tomates (jitomates) secados al sol
300 g de mozzarella escurrida y en dados
1¼ cucharaditas de orégano
2-3 cucharadas de aceite de oliva
sal, pimienta

Precaliente el horno a 220 °C. Tueste el pan por ambos lados bajo el gratinador precalentado hasta que se dore.

Unte un lado de cada tostada con la pasta de tomate y reparta la mozzarella por encima. Espolvoréelo con orégano y salpimiente.

Pase las tostadas a la bandeja del horno y rocíelas con el aceite. Gratínelas en el horno unos 5 minutos, hasta que el queso se derrita y burbujee. Saque las tostadas del horno y déjelas reposar 5 minutos antes de servirlas.

Aperitivos y guarniciones

Frittata con prezzemolo
Tortilla de perejil

En un bol, bata los huevos con sal y pimienta hasta que espumen y eche el perejil. Remueva.

Caliente el aceite en una sartén de base gruesa hasta que empiece a humear. Vierta el huevo en la sartén y repártalo bien con una espátula de madera. Baje el fuego y deje cuajar el huevo.

Cuando la tortilla se empiece a dorar por debajo, dele la vuelta con un plato. Cuézala por el otro lado hasta que se dore bien. Córtela en 4 porciones y sírvala caliente o templada.

para 4 personas

6 huevos
1 manojo de perejil troceado
4 cucharadas de aceite de oliva
sal y pimienta

Aperitivos y guarniciones

Bocconcini di pollo pastellati
Bocaditos de pollo rebozado

para 6-8 personas

500 g de muslos de pollo sin hueso ni piel
3 cucharadas de aceite de oliva
el zumo de ½ limón
2 dientes de ajo majados
125 g de harina
aceite, para freír
2 huevos batidos
sal y pimienta
ramitas de perejil, para adornar
cuñas de limón, para servir

Corte el pollo en trozos de 4 cm. En un bol, mezcle el aceite con el zumo de limón, el ajo, sal y pimienta. Unte bien el pollo y déjelo macerar en el bol, a temperatura ambiente 1 hora, o bien toda una noche en el frigorífico.

Extienda la harina en un plato y sazónela con una pizca de sal y abundante pimienta.

Saque el pollo del adobo y escúrralo.

En una freidora o una cazuela grande, caliente abundante aceite a 180 o 190 °C, o hasta que al echar un dado de pan se dore en 30 segundos. Pase el pollo primero por la harina sazonada y, después, por el huevo batido. En tandas, vaya sumergiéndolo en el aceite caliente y friéndolo unos 5 minutos, dándole la vuelta con unas pinzas, hasta que esté dorado y crujiente. Déjelo escurrir sobre papel de cocina. Pase el pollo frito a una fuente de servicio precalentada y adórnelo con unas ramitas de perejil. Sírvalo caliente, con cuñas de limón.

Aperitivos y guarniciones

Aperitivos y guarniciones

Sgonfiotti al formaggio
Bocaditos de queso

para unas 25 unidades

200 g de harina, y un poco más para espolvorear
2 huevos un poco batidos
2 cucharadas de aceite de oliva
1-2 cucharadas de agua fría
1 clara de huevo batida hasta que empiece a espumar
sal
aceite, para freír

relleno
115 g de ricota
1 huevo un poco batido
70 g de mozzarella en daditos
25 g de parmesano en daditos
40 g de salami o jamón curado bien picados
1 cucharada de perejil picado
sal y pimienta

Tamice la harina en un bol. Haga un hoyo en el centro y vierta dentro el huevo. Añada el aceite y una pizca de sal. Remueva con un tenedor, recogiendo la harina de alrededor, hasta ligar la masa; si fuera necesario, añada algo de agua. Trabaje la masa unos 10 minutos, hasta que esté homogénea y sedosa. Envuélvala en film transparente y refrigérela al menos 30 minutos, si lo desea toda una noche. Para preparar el relleno, mezcle todos los ingredientes y salpimiente.

Extienda la masa en una lámina muy fina y, con un cortapastas, corte redondeles de unos 7 cm de diámetro; junte los recortes y repita la operación. Extienda los redondeles en un paño de cocina limpio. Pinte los bordes con la clara de huevo. Ponga una cucharadita de relleno en el centro de cada círculo y dóblelos en dos. Pellizque los bordes para pegarlos. Deje reposar los bocaditos 30 minutos en el paño. Caliente aceite en una freidora o una cazuela grande a 180 o 190 °C, o hasta que al echar un dado de pan se dore en 30 segundos. Vaya sumergiendo los bocaditos de queso en el aceite y friéndolos de 3 a 5 minutos. Sáquelos y déjelos escurrir en papel de cocina arrugado. Sírvalos calientes.

Aperitivos y guarniciones

Aperitivos y guarniciones

Risi e bisi
Arroz con guisantes

para 4 personas

1 litro de caldo de pollo o de verduras
85 g de mantequilla
3 chalotes (echalotes, escalonias) bien picados
115 g de panceta, tocino o beicon magro, sin corteza y en dados
225 g de arroz
150 ml de vino blanco seco
175 g de guisantes (arvejas, chícharos), descongelados si fuera necesario
sal y pimienta
virutas de parmesano, para adornar

Vierta el caldo en una cazuela y llévelo a ebullición. Baje la temperatura y déjelo hervir a fuego suave.

Derrita 4 cucharadas de la mantequilla en una cazuela grande de base gruesa. Rehogue el chalote y la panceta a fuego lento, removiendo de vez en cuando, 5 minutos o hasta que el chalote esté tierno. Eche el arroz y rehóguelo, removiendo, 2 o 3 minutos o hasta que esté bien empapado y translúcido.

Vierta el vino y cuézalo, sin dejar de remover, hasta que el arroz lo absorba. Vierta un cucharón de caldo caliente y, removiendo, vuelva a esperar a que el arroz lo absorba. Siga incorporando el caldo a cucharones por espacio de unos 10 minutos.

Eche los guisantes y siga agregando caldo 10 minutos más, o hasta que el arroz esté tierno y haya absorbido todo el líquido.

Aperitivos y guarniciones

Incorpore la mantequilla restante y salpimiente. Pase el arroz a una fuente de servicio precalentada, adórnelo con las virutas de parmesano y sírvalo enseguida.

Aperitivos y guarniciones

Insalata di baccelli e pecorino
Ensalada de habas y pecorino

para 6 personas

225 g de habas frescas, desgranadas
5 cucharadas de aceite de oliva virgen extra
2 cucharadas de zumo de limón recién exprimido
1 cucharada de menta picada
175 g de pecorino tierno en dados
90 g de rúcula
55 g de pecorino curado o parmesano en virutas
sal y pimienta

Si las habas son muy frescas y pequeñas, podrá servirlas crudas; si no es así, escáldelas 2 o 3 minutos en una cazuela con agua hirviendo. Escúrralas, enjuáguelas con agua fría y vuelva a escurrirlas.

Páselas a una fuente. Alíñelas con el aceite y el zumo de limón, y añada la menta. Salpimiente e incorpore el queso.

Disponga la rúcula en una fuente de servicio y, por encima, las habas. Esparza las virutas de queso sobre la ensalada y sírvala.

Mi sugerencia:
Si las habas no son demasiado tiernas o están congeladas, tendrá que incrementar en un 50 % la cantidad indicada porque las tendrá que pelar y perderán más peso.

Aperitivos y guarniciones

Aperitivos y guarniciones

Prosciutto con la rucola
Jamón con rúcula

para 4 personas

- 115 g de rúcula
- 1 cucharada de zumo de limón
- 3 cucharadas de aceite de oliva virgen extra
- 225 g de jamón curado en lonchas finas
- sal y pimienta

Ponga la rúcula en un bol.

Vierta el zumo de limón en un cuenco y salpimiéntelo. Incorpore el aceite y aliñe la rúcula. Remueva suavemente para que se empape bien.

Reparta el jamón de forma decorativa entre 4 platos y disponga la rúcula alrededor. Sírvalo a temperatura ambiente.

Aperitivos y guarniciones

Aperitivos y guarniciones

Insalata di prosciutto, salami e fichi
Ensalada de jamón y salami con higos

para 6 personas

- 9-12 higos maduros, según lo grandes que sean
- 6 lonchas finas de jamón curado
- 12 lonchas finas de salami
- 1 manojito de albahaca en ramitos
- unas ramitas de menta
- 1 manojo pequeño de rúcula
- 2 cucharadas de zumo de limón recién exprimido
- 4 cucharadas de aceite de oliva virgen extra
- sal y pimienta

Deseche buena parte del rabillo de los higos, de modo que quede solo un trocito, y pártalos en cuartos.

Disponga el jamón y el salami en una fuente de servicio. Lave y seque las hierbas, y póngalas en un bol junto con los higos.

Bata en un cuenco el zumo de limón con el aceite y salpimiéntelo.

Aliñe la ensalada y remueva con suavidad procurando que todos los ingredientes queden bien empapados.

Reparta de forma decorativa los higos y la ensalada por encima del jamón y el salami.

Aperitivos y guarniciones

Índice analítico

alcachofas
- Atún con alubias blancas y alcachofas 58-59
- Pizza cuatro estaciones 27

arroz
- Arroz con guisantes 72-73
- Risotto de setas 51
- Risotto de espárragos 48
- Risotto negro 50

beicon y panceta
- Arroz con guisantes 72-73
- Champiñones rellenos de espinacas y beicon 16-17
- Espaguetis a la carbonara 34
- Lasaña con ricota y mozzarella 30-31
- Pollo a la cazadora 44
- Salsa boloñesa 32

berenjenas
- Berenjenas marinadas 54
- Bocconcini di pollo pastellati 68
- Bruschette con mozzarella 18

buey
- Espaguetis con albóndigas 28
- Estofado al vino tinto 46-47
- Lasaña con ricota y mozzarella 30-31
- Salsa boloñesa 32

Canelones de espinacas 38
Cannelloni agli spinaci 38
Capesante al forno 56
Champiñones rellenos de espinacas y beicon 16-17

Ensalada de habas y pecorino 74
Entremeses 14

espárragos
- Pechugas de pollo rellenas 60
- Risotto de espárragos 48

espinacas
- Farfalle con pomodori secchi e basilico 36
- Fichi e gorgonzola 20
- Frittata con prezzemolo 66
- Funghi ripieni con spinaci e pancetta 16-17

guisantes
- Arroz con guisantes 72-73
- Sopa de hortalizas con fideos 10

higos
- Ensalada de jamón y salami con higos 78
- Entremeses 14
- Higos con gorgonzola 20

huevos
- Espaguetis a la carbonara 34
- Mozzarella empanada 22
- Tortilla de perejil 66

Insalata di baccelli e pecorino 74
Insalata di prosciutto, salami e fichi 78
Involtini di petti di pollo 60

jamón curado
- Ensalada de jamón y salami con higos 78
- Entremeses 14
- Jamón con rúcula 76
- Pechugas de pollo rellenas 60
- Risotto de setas 51
- Sopa de hortalizas con fideos 10

Lasagne al forno 30-31

legumbres
- Atún con alubias blancas y alcachofas 58-59
- Sopa de hortalizas con fideos 10
- Sopa toscana de judías 12

Melanzane alla campagnola 54
Minestrone 10
Mozzarella in carrozza 22

Osso buco alla milanese 52

pan
- Bruschette con mozzarella 18
- Mozzarella empanada 22
- Tostadas con queso y tomates secos 64

pasta
- Canelones de espinacas 38
- Espaguetis a la carbonara 34
- Espaguetis con albóndigas 28

Lacitos con tomates secos y albahaca 36
Lasaña con ricota y mozzarella 30-31
Raviolis de calabaza 40
Raviolis de queso 41
Sopa de hortalizas con fideos 10
Sopa toscana de judías 12

pescado y marisco
- Atún con alubias blancas y alcachofas 58-59
- Mozzarella empanada 22
- Risotto negro 50
- Vieiras gratinadas 56

pizza
- Base de pizza 26
- Pizza cuatro estaciones 27
- Pizza Margarita 27
- Pizza marinara 26
- Pizza alla marinara 26
- Pizza Margherita 27
- Pizza quattro stagioni 27

pollo
- Bocaditos de pollo rebozado 68
- Pechugas de pollo rellenas 60
- Pollo a la cazadora 44
- Pollo alla cacciatora 44
- Prosciutto con la rucola 76

queso
- Bocaditos de queso 70
- Bruschette con mozzarella 18
- Canelones de espinacas 38
- Ensalada de habas y pecorino 74
- Espaguetis a la carbonara 34
- Higos con gorgonzola 20
- Lacitos con tomates secos y albahaca 36
- Mozzarella empanada 22
- Pechugas de pollo rellenas 60
- Pizza cuatro estaciones 27
- Pizza Margarita 27
- Pizza marinara 26
- Lasaña con ricota y mozzarella 30-31
- Raviolis de calabaza 40
- Raviolis de queso 41
- Tostadas con queso y tomates secos 64

Ragù alla bolognese 32
Ravioli al formaggio 41
Ravioli alla zucca 40
Raviolis de calabaza 40
Ribollita 12
Risi e bisi 72-73
Risotto ai funghi porcini 51
Risotto con gli asparagi 48
Risotto nero con seppie 50

salami
- Bocaditos de queso 70
- Ensalada de jamón y salami con higos 78
- Entremeses 14

setas
- Champiñones rellenos de espinacas y beicon 16-17
- Pizza cuatro estaciones 27
- Risotto de setas 51
- Salsa boloñesa 32

Sgonfiotti al formaggio 70
Spaghetti alla carbonara 34
Spaghetti con le polpette 28
Stracotto di manzo 46-47

ternera: Osobuco a la milanesa 52
Toast al formaggio e pomodori secchi 64

tomate
- Atún con alubias blancas y alcachofas 58-59
- Berenjenas marinadas 54
- Bruschette con mozzarella 18
- Entremeses 14
- Espaguetis con albóndigas 28
- Lacitos con tomates secos y albahaca 36
- Osobuco a la milanesa 52
- Pizza cuatro estaciones 27
- Pizza Margarita 27
- Pizza marinara 26
- Pollo a la cazadora 44
- Salsa boloñesa 32
- Sopa de hortalizas con fideos 10
- Tostadas con queso y tomates secos 64

Tonno con fagioli bianchi e carciofi 58-59

tabla **de** equivalencias

Las equivalencias exactas de la siguiente tabla han sido redondeadas por conveniencia.

medidas de líquidos/sólidos

sistema imperial (EE UU)	sistema métrico
1/4 de cucharadita	1,25 mililitros
1/2 cucharadita	2,5 mililitros
3/4 de cucharadita	4 mililitros
1 cucharadita	5 mililitros
1 cucharada (3 cucharaditas)	15 mililitros
1 onza (de líquido)	30 mililitros
1/4 de taza	60 mililitros
1/3 de taza	80 mililitros
1/2 taza	120 mililitros
1 taza	240 mililitros
1 pinta (2 tazas)	480 mililitros
1 cuarto de galón (4 tazas)	950 mililitros
1 galón (4 cuartos)	3,84 litros
1 onza (de sólido)	28 gramos
1 libra	454 gramos
2,2 libras	1 kilogramo

temperatura del horno

fahrenheit	celsius	gas
225	110	1/4
250	120	1/2
275	140	1
300	150	2
325	160	3
350	180	4
375	190	5
400	200	6
425	220	7
450	230	8
475	240	9

longitud

sistema imperial (EE UU)	sistema métrico
1/8 de pulgada	3 milímetros
1/4 de pulgada	6 milímetros
1/2 pulgada	1,25 centímetros
1 pulgada	2,5 centímetros